Jimi Balladeer

Das Jahrzehnt der Entscheidungen

- Was auf der Agenda der Menschheit
für die Jahre 2020 bis 2030
unbedingt stehen sollte -

Impressum

Das Jahrzehnt der Entscheidungen - Was auf der Agenda der Menschheit für die Jahre 2020 bis 2030 unbedingt stehen sollte

Autor: Jimi Balladeer

5. Fassung September 2024 (Erstausgabe: Dezember 2020).

Dies ist ein "lernendes" Buch: Der Autor arbeitet neue Erkenntnisse zu den Inhalten des Buches und konstruktives Feedback seiner Leserinnen und Leser laufend ein.
Email: JimiBalladeer@gmx.de

Buchcover und Grafiken: www.pixabay.com

Das Buch ist bei Amazon auch als ebook erhältlich.

Vom gleichen Autor sind bei Amazon bereits erschienen:
- "Unsere globale Welt erfordert globale Lösungen"
  - Gedanken zu einer neuen Weltordnung
- "Mit gutem Gewissen gut leben"
  - Tipps für ein gutes Leben - nachhaltig und global -
- "Das Hoffnungsbuch"
  - Warum wir trotz globaler Probleme hoffnungsvoll der Zukunft entgegensehen dürfen
- „Drei Schlüssel für das Leben in einer besseren Welt"
- „Seelengespräche"
- „Ich denk' nicht oft an dich" - Gedichte eines Musikers

Die Musik von Jimi Balladeer kann auf www.bandcamp kostenlos heruntergeladen werden. Entweder als Solo-Künstler unplugged (https://jimiballadeer.bandcamp.com/) oder mit seiner Band Fretless Fun (https://fretlessfun.bandcamp.com/).

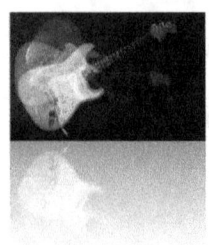 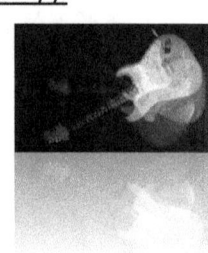

Chronik der Ergänzungen/Änderungen:

2. Fassung Mai 2021	Neu aufgenommen wurde: - Einsamkeit im 21. Jahrhundert (Top 57)
3. Fassung Sept. 2021	Neu aufgenommen wurde: - Ergänzungen im Abschnitt „Menschlichkeit"
4. Fassung Okt. 2022	Neu aufgenommen wurde: - Thema „Fake News" (im Abschnitt „Menschlichkeit")
5. Fassung Sept. 2024	Neu aufgenommen wurde: - Neueste wissenschaftliche Erkenntnisse zu allen wesentlichen Inhalten

COPYRIGHT ©
Der Titel ist bei Titelschutz.ch unter Hinweis auf § 5 Abs. 3 MarkenG (Deutschland) sowie § 80 UrhG, § 9 UWG (Österreich) in allen Schreibweisen und Darstellungsformen geschützt und im Online-Titelschutz-Anzeiger veröffentlicht worden. Das Manuskript, einschließlich all seiner Teile, ist urheberrechtlich geschützt. Jede Verwertung außerhalb der engen Grenzen des Urheberrechts ist ohne Zustimmung des Verfassers unzulässig und strafbar. Das gilt insbesondere für Vervielfältigungen, Übersetzungen, Mikrovervielfältigungen und die Einspeicherung und/oder die Verarbeitung in elektronische Systeme.
In diesem Buch befinden sich Verlinkungen zu Webseiten Dritter. Bitte haben Sie Verständnis dafür, dass ich mir die Inhalte Dritter nicht zu eigen mache, für die Inhalte nicht verantwortlich bin und keine Haftung übernehme.
Alle Rechte vorbehalten. Nutzungsoptionen wie etwa Veröffentlichung, Verbreitung, Speicherung oder Übertragung ist nur mit Zustimmung des Autors zulässig.

Danksagung

Ich danke meiner Frau Hanni und meinem guten Freund Winni, die sich mit dem Entwurf des Buches beschäftigt und mir wertvolle Tipps gegeben haben.

Auch danke ich Herrn Prof. Dr. Ernst Ulrich von Weizsäcker (Ehrenpräsident des Club of Rome), dass er sich die Zeit genommen hat, als Erster das fertige Buch zu lesen und mir ein Feedback zu geben.

Mit seiner freundlichen Genehmigung hier ein Auszug:

„.... *ich danke Ihnen vielmals für die Zusendung Ihres neuen Buches. Ich finde es hervorragend konzipiert.*
Beängstigend natürlich, aber voll von Annahmen, die in der kommenden digitalisierten Welt nahe an der Realität liegen.
Natürlich gibt es auch manche Einwände... (es folgen 5 Punkte aus seiner Sicht).
All das sind aber meinerseits stark spekulative Gedanken, die kein bisschen besser sind als Ihre literarischen und stilistisch sehr gut formulierten Aussagen...
Ich würde mir wünschen, dass Ihr Buch ein echter Renner wird und dass die deutsche, europäische und Weltpolitik sich ernsthaft mit Ihrer Phantasie auseinandersetzen muss".

Inhalt

Vorgeschichte: Ein Blick in die Zukunft 7

Prolog 16

Kapitel 1 Die Lebensqualität auf der Erde 25

Nahrungsmittel 26

Gesundheit 35

Bildung 55

Arbeit und Freizeit 66

Energieverbrauch 75

Kapitel 2 Der Zustand unserer Umwelt 87

Klimawandel 88

Luftbelastung 115

Wasser- und Bodenbelastung 121

Tier- und Pflanzenwelt 127

Kapitel 3 Das globale Gewaltpotential 134

Die atomare Bedrohung 135

Kriege, Terror und Waffenhandel 143

Flucht und Vertreibung 154

Kapitel 4 Weltpolitik 159

Bevölkerungsentwicklung 160

Nationale Politik als Problemursache 168

Der globale Handel 182

Agrarkolonialismus 188

Staatsverschuldung und Steuersysteme 193

Kapitel 5 Der "Reifegrad" der Menschheit 200

Konsumgesellschaften 201

Die Menschlichkeit 206

Fazit 223

Erläuterungen zu den wesentlichen Quellen des Buches 226

Vorgeschichte: Ein Blick in die Zukunft

Wir schreiben das Jahr 2050. Es ist der 12. September, ich wache um 6:05 Uhr auf. Mist, wieder zu früh. Gestern habe ich um 19:00 mein Abendessen beendet, die Küchentür öffnet sich also erst um 07:00 Uhr. Seit das Gesundheitsministerium festgelegt hat, dass zwischen dem Abendessen und dem Frühstück mindestens 12 Stunden liegen müssen (zahlreiche Studien haben ergeben, dass die Volksgesundheit dadurch gesteigert werden kann), habe ich keine Chance, früher in die Küche zu kommen.

Eigentlich ist das ja Blödsinn, denn wir essen ja sowieso meist nur noch hochkonzentrierte Pulver und Gelees. "Echte" Lebensmittel so wie Brot, Fleisch, Gemüse oder Wurst gibt es seit Mitte der 40er-Jahre nur noch zu besonderen Anlässen. Aber diese Regel mit den 12 Stunden hat sich hartnäckig gehalten.

Gut, ich könnte mir natürlich einen kleinen Pillenvorrat im Schlafzimmer lagern und so heimlich vor 07:00 Uhr frühstücken, aber das würde durch die hochauflösenden Mini-Kameras, die seit 2030 auf allen öffentlichen Straßen und seit 2035 sogar in jedem Zimmer installiert werden mussten, schnell bekannt werden und dann würde sich mein Scoring-Wert verschlechtern. Das kann ich mir aber nicht leisten. Schließlich will ich nicht, dass sich mein Krankenkassenbeitrag erhöht.

Was mache ich nun die ganze Zeit? Ich werde einfach meinen Tag planen.

Ein kurzer Blick auf mein Scoring-Armband zeigt mir, dass ich für heute zehn CO_2-Credits verbrauchen darf. Ich könnte eine Spritztour mit meinem Cabrio unternehmen und selbst fahren. Das wäre der größte Luxus und ein richtiges Abenteuer! Für maximal 50 km. Dafür würden aber alle 10 Credits draufgehen ...

Oder ich könnte mit einem der E-Roller, die vor meiner Wohnsiedlung stehen, ins 5 km entfernte Vergnügungscenter fahren, das würde nur einen Viertelcredit kosten.

Vielleicht mache ich aber auch eine Shopping-Tour zum nächsten großen Outlet-Center (30 km) mit einem selbstfahrenden Bus, das ist sehr entspannend und würde mich nur einen halben Credit kosten. Ich glaube dafür entscheide ich mich. Dann habe ich noch 9,5 Credits. Im Outlet-Center könnte ich mir dann sogar wieder mal ein T-Shirt leisten, das in China gefertigt wurde. Die regionalen Shirts kosten zwar nicht viel, sind aber nicht so extravagant und kreativ wie die chinesische Ware.

Seit China der Weltmarktführer in Kleidung ist (soweit ich mich erinnere, seit Ende der 20er-Jahre) und alle fähigen Designer für China arbeiten, will kaum jemand mehr etwas anderes.

Vor einigen Jahrzehnten war das noch total anders. Damals kaufte kein umweltbewusster Mensch Bekleidung aus China, denn die chinesischen Firmen beachteten keinerlei Umweltstandards. Jetzt ist das egal, denn die Umwelt ist sowieso schon kaputt.

7 Credits kostet mich das, aber das ist es wert. Für die restlichen 2,5 Credits bekomme ich nur noch ein Abendessen, das CO_2-neutral ist, also ohne Zutaten, die aus anderen Ländern importiert wurden und natürlich ohne echte Lebensmittel wie Fleisch, Wurst oder Käse. Das würde alles viel zu viel CO_2 verbrauchen. Aber das geht schon in Ordnung.

Es ist ja schon September, an Weihnachten werde ich einen schönen Braten oder ein kleines Steak genießen können. Einmal im Jahr richtiges Fleisch wäre für die Generation meiner Eltern eine undenkbare Einschränkung gewesen, aber für meine Generation ist es das Highlight des Jahres.

So jetzt ist es 07:40 Uhr. Ich muss mich sputen, damit ich den Morgen-Check bis 08:00 Uhr noch schaffe:

Erst unter die chemische Dusche (mit echtem Wasser duschen wir schon seit 10 Jahren nicht mehr, da Wasser durch die weltweiten Dürren nur noch für genau definierte Zwecke verwendet werden darf), dann schnell aufs Klo gehen, damit meine Urin- und Stuhlwerte gemessen werden.

Zähneputzen, damit die Analyse meiner Mundschleimhäute und Zähne erfolgen kann und vor den Körperscanner stellen, damit alle wichtigen Organe wie Herz, Lunge, Leber und Nieren durchleuchtet werden und mein Blutdruck gemessen werden kann.

Schnell noch einen Piecks am Daumen für den Blut-Analyse-Scanner. Das hat kaum mehr als 10 Minuten gedauert und ich kann die Tagesanalyse, deren Ergebnisse direkt am Badezimmerdisplay angezeigt wird, überfliegen. Ich muss nicht alles verstehen, denn die bunten Pillen, die ich brauche, um gesund zu bleiben, werden durch meinen kleinen 3D-Drucker automatisch im Badezimmer entsprechend der Ergebnisse ausgedruckt. Ich nehme sie natürlich alle, denn sonst steigen meine Krankenkassenbeiträge.

Falls sich herausstellen sollte, dass ich krank bin, wird automatisch der Health-Service informiert. Das heißt nicht, dass ich zu einem Arzt gehen muss, sondern dass meine Werte an das passende Spezialisten-Team weitergeleitet werden und ich von dort einen individuellen Gesundheitsplan bekomme. Die Medikamente kann ich natürlich auch wieder selbst ausdrucken.

Falls ein operativer Eingriff erforderlich sein sollte, wird der durch den nächst gelegenen Hausarzt-Roboter ambulant durchgeführt. Von "Krankenhäusern" ist man schon Ende der 20er-Jahre abgekommen, da die Kosten ausuferten und man auch das Problem der Krankenhauskeime nicht in den Griff bekam.

Für einen operativen Eingriff meines Hausarzt-Roboters muss ich allerdings meinen Jahresgutschein einsetzen.

Seit das Gesundheitssystem Anfang der 30er-Jahre auch nach immensen Beitragssteigerungen nicht mehr finanzierbar war, entschied die Regierung, dass jeder Bürger/in sich nur maximal einmal im Jahr einer Operation unterziehen darf. Im Gegenzug wurden die Vorsorgeuntersuchungen drastisch erhöht. Jeder Mensch wird jetzt wie ich jeden Tag durchgecheckt. Ich bin inzwischen 77 Jahre alt und habe noch eine Lebenserwartung von mindestens 25 Jahren.

Nach der Shopping-Tour werde ich sehen, ob ich für die nächste Woche von meiner Firma, bei der ich bis zum 70. Lebensjahr regelmäßig gearbeitet habe, wieder ein Arbeitsangebot bekommen habe. Es wäre nicht das erste Mal, dass sie mich um Unterstützung bitten. Dadurch, dass mit mir damals eine ganze Generation in den Ruhestand gegangen ist und nur geburtenschwache Jahrgänge nachgekommen sind, habe ich nach meinem Ruhestand wieder zwei bis drei Tage pro Woche gearbeitet. Das Angebot war einfach zu lukrativ!

Einige Jahre später, Anfang der 40er-Jahre ist dann das Rentensystem kollabiert und alle Renten (natürlich auch die Pensionen der Beamten) wurden pauschal um 50% gekürzt. Seitdem arbeite ich wieder drei bis vier Tage die Woche, ansonsten käme ich nicht über die Runden.

Durch die schon für 2040 prognostizierte aber erst jetzt realisierte Einführung von Robotern mit echter KI zeichnet es sich allerdings ab, dass ich bald nicht mehr gebraucht werde. Das ist bitter, ich weiß nicht, wie das finanziell weitergehen soll. Ein Auslandsurlaub wird dann mit Sicherheit nicht mehr drin sein, die dafür nötigen CO_2-Kredits werde ich mir nicht leisten können.

Aber das ist eigentlich gar nicht so schlimm. Seit im Jahr 2028 die riesigen virtuellen Urlaubszentren entwickelt wurden und in jeder Stadt mindestens eines steht (in den großen Städten sogar eines in jedem Stadtteil), können wir alle jederzeit einen unbeschwerten Urlaub in jedem beliebigen Land erleben – und das ohne CO2-Ausstoß. Okay, die Quantencomputer, die es uns ermöglichen, dass wir uns im virtuellen Raum wie in einem echten Urlaubsgebiet fühlen, verbrauchen sehr viel Energie. Aber immer noch viel weniger, als eine echte Reise.

Ein bisschen wurmt es mich schon, dass die Regierungen vieler Staaten, vor allem der ganz großen, in den 20er-Jahren nicht genug gegen die Erderwärmung getan haben. Jetzt müssen alle Bürger aller Staaten darunter leiden. Ohne CO2-Kredits geht gar nichts mehr: Keine Autofahrt, keine Flugreise, keine Kreuzfahrt, kein Genuss von importierten Lebensmitteln, keine importierte sonstige Ware. Und die Kredits werden immer mehr rationiert. Hatte jeder Bundesbürger z.B. im Jahr 2030 noch 10.000 Kredits pro Jahr zur Verfügung, waren es 2035 nur noch 5.000 und jetzt, im Jahr 2050, sind es nur noch 3.500. Da kann man im wahrsten Sinn des Wortes keine großen CO2-Sprünge machen.

Aber ich will mich nicht beschweren, schließlich habe ich 60 Jahre lang das Leben genießen und aus dem Vollen schöpfen können. Das rächt sich natürlich jetzt. Die jetzige Jugend tut mir leid. Die Freiheit, dahin zu fahren oder zu fliegen, wo man will und zu essen und zu trinken, was einem schmeckt, kennen sie überhaupt nicht. Alle Aktivitäten werden streng nach der CO2-Bilanz gemessen und sind rationiert.

Ende der 20er-Jahre, ich glaube es war 2029, unternahmen die Vereinten Nationen (UN) den Versuch, sich zu so etwas wie einer "Weltregierung" weiterzuentwickeln, damit sie die Macht bekommen, die globalen Probleme der Welt auch mit global angelegten Aktionen zu lösen. Über 180 Staaten waren dafür, sogar die USA. Die nicht mehr endenden Naturkatastrophen hatten die Einsicht gebracht, dass man sich nicht auf den guten Willen einzelner Staaten verlassen kann, sondern alle Staaten zusammen unter der Führung einer Koordinationsstelle, die keinerlei nationale Interessen vertritt, handeln müssen.

Aber es scheiterte schließlich am Veto von China. China hatte die Jahre 2018-2028 zielgerichtet genutzt, um sich zum mächtigsten Staat der Erde zu entwickeln.

Generalstabsmäßig kaufte man sich - zum größten Teil über Strohfirmen - in die wichtigsten Unternehmen des Planeten ein, erwarb riesige Ländereien in den strategisch wichtigsten Gebieten der Erde und entwickelte ein ungehemmtes Bevölkerungswachstum. Als "Weltmacht Nr. 1" wollte man natürlich nichts an eine "UN-Weltregierung" abgeben...

Jetzt leben rund 11 Milliarden Menschen auf der Erde, im Jahr 2020 waren es noch 7,7 Milliarden. Die im Jahr 2019 von manchen Zukunftsforschern befürchtete Bevölkerungsexplosion in Richtung 17 Milliarden blieb gottseidank aus. Aber nur deshalb, weil die ungebremste Erderwärmung und die Erhöhung des Meeresspiegels dazu führten, dass immer mehr Naturkatstrophen mit vielen Todesopfern die Erdbevölkerung heimsuchten. Ende der 30er-Jahre hatten Länder wie Südamerika, Zentralafrika und Indien an über 200 Tagen im Jahr Temperaturen von über 60 Grad und wurden dadurch nahezu unbewohnbar. Millionen von Menschen verdursteten und verhungerten oder verloren auf der Flucht in andere Länder ihr Leben.

Außerdem nimmt die Zeugungsfähigkeit der Männer weltweit immer mehr ab. Diese Entwicklung begann bereits in den 20er-Jahren, aber bis heute wissen die Wissenschaftler immer noch nicht ganz genau, woran es liegt und was man dagegen tun kann.

Gut, in einer Welt in der sowieso schon zu viele Menschen leben, war das bisher sogar ganz hilfreich, aber was ist, wenn es eines Tages überhaupt keine natürlichen Geburten mehr gibt? Dann ist es absehbar, dass die Menschheit ausstirbt, denn aus dem Reagenzglas wird man nicht unendlich lange Nachwuchs erzeugen können. Irgendwann sind die Vorräte erschöpft und neue gesunde Spermien kommen nicht nach.

Schade ist auch, dass es nur noch wenig Nutztierhaltung gibt. Aber man muss auch verstehen, dass die wenigen Gebiete auf der Erde, in denen man noch komfortabel leben kann, den Menschen vorbehalten bleiben müssen.

Da geht es jetzt natürlich nicht ohne strikte Begrenzungen. Ich denke mir aber oft: "Warum haben unsere Regierungen damals nicht reagiert, als es noch Zeit war? Warum haben wir nicht den weltweiten Ressourcen- und Energieverbrauch vernünftig begrenzt und uns Gedanken um das Bevölkerungswachstum gemacht?".

Aber okay, damals waren die Politiker wohl nicht willens genug, um global zum Wohl der Menschheit zusammenzuarbeiten. Ein jeder hatte nur sein eigenes nationales Süppchen gekocht. Jetzt müssen es wir alle auslöffeln...

Wir in Deutschland haben vom Klimawandel gar nicht so viel gespürt. Außer, dass jetzt 10 Millionen Afrikaner und Inder bei uns leben. Da wir natürlich nicht so viele neue Wohnungen bauen konnten, hat die Bundesregierung verfügt, dass jeder Mensch nur Anspruch auf 30 m² Wohnraum hat. Das hat bei allen Hausbesitzern natürlich zu einem Aufschrei geführt, aber wer nicht freiwillig mitmachte, wurde enteignet (das wurde natürlich nicht Enteignung, sondern "Neuorientierung" genannt). Ich bin noch gut weggekommen. Bei meiner Frau und mir wohnen jetzt drei Afrikaner, eine junge Frau mit zwei Kindern. Wir kommen gut miteinander zurecht. Es blieb uns auch nichts anderes übrig, denn wir konnten uns unsere Mitbewohner nicht aussuchen. Natürlich zahlen sie keine Miete und werden durch uns voll verpflegt. Der Staat kann sich das nicht mehr leisten.... Wenigstens bekommen wir einige CO_2-Credits für sie.

Nervig ist es schon, wenn man in den großen Städten (ich habe das Gefühl, es gibt nur noch große Städte), seine Wohnung verlässt und sofort die Atemschutzmaske aufsetzen muss, weil die schlechte Luft ansonsten nicht auszuhalten ist.

Aber wir haben ja noch unsere Naturschutzgebiete.

Echte intakte Wälder und Seen gibt es zwar nur noch wenige, aber die UN kam im Jahr 2045 auf die glorreiche Idee, eine neue und bessere Natur aufzubauen. Die "echte" Natur hatte es nicht verkraftet, was wir mit ihr angestellt hatten. Die Weiterentwicklung der Robotik erlaubte es uns, eine komfortable künstliche Welt aufzubauen. Kein Mensch wollte mehr in eine Natur, wo die Sonne unbarmherzig herunterbrannte, die von Parasiten aller Art bevölkert war, wo kaum noch interessante Tiere lebten und sauberes Wasser extrem knapp war. Deshalb wurden ab 2045 im großen Stil virtuelle Naturlandschaften entwickelt. Mit gesundem Klima, mit verlässlich gutem Wetter und mit individuell wählbarer reichhaltiger (natürlich künstlicher) Flora und Fauna. Fast fünf Jahre lang lief das auch prima, aber seit diesem Jahr ist ein Phänomen aufgetreten, für das unsere Wissenschaftler noch keine Erklärung haben.

Mehr und mehr Menschen werden krank, obwohl sie in den von der Außenwelt gut abgeschirmten Glaskuppeln doch alles haben, was zu einem echten Naturerlebnis gehört: Saubere gefilterte Luft, sauberes aufbereitetes Wasser und sonnenähnliche Strahlung durch leistungsfähige Wärmelampen. Aber wie ich die Evolution kenne, wird sie dieses kleine Problem sicher auch bald lösen...

Was mich auch beunruhigt ist, dass immer mehr alte Atomkraftwerke wieder in Betrieb genommen werden. Als die Wissenschaftler weltweit im Jahr 2025 zugeben mussten, dass es auf der Erde praktisch keine sicheren Endlager für die Brennstäbe gibt, folgten immer mehr Länder dem Vorbild von Deutschland und legten ihre Atomreaktoren still. Aber seit 2045 hat sich diese Entwicklung wieder umgekehrt. Der Energiebedarf der Menschheit ist durch die wachsende Weltbevölkerung, den zunehmenden Wohlstand der ehemaligen Schwellenländer und die immer stromintensivere digitale Welt explodiert und kann nicht mehr ohne Atomenergie befriedigt werden. Die Photovoltaik war zwar billiger, aber der gigantische Flächenbedarf setzte natürliche Grenzen des Solarwachstums. In den 20er-Jahren gab es noch Wissenschaftler, die anstelle der hochriskanten Kernspaltung die wesentlich sicherere Kernfusion erforschten, aber die reichen Industrieländer interessierten sich nicht genügend dafür und reaktivierten aus Kostengründen lieber die bereits vorhandenen Atomreaktoren. Das Endlagerproblem hat man jetzt offenbar gelöst: Ab sofort stehen Endlagerplätze auf dem Mond bereit und ab dem nächsten Jahr wird der Transport im großen Stil beginnen.

Alles erfunden? Natürlich! Aber keine der Beschreibungen ist so unrealistisch, dass sie nicht Realität werden könnte...

Prolog

Was sind die größten Probleme der Menschheit?

In der Antike und im Mittelalter waren das wohl menschenverachtende Kriege zur ständigen Erweiterung oder Verteidigung der Königreiche, unbeherrschbare Seuchen und die Versklavung von großen Teilen der Bevölkerung verbunden mit Armut und Hunger.

Erst durch die, Mitte des 19. Jahrhunderts beginnende, Industrialisierung wendete sich das Blatt. Ein zunächst bescheidener, aber immer stärker steigender Wohlstand führte dazu, dass nicht nur die herrschende Schicht ihr Leben genießen konnte. Die medizinischen Innovationen rotteten die großen Seuchen aus und stabilisierten die Volksgesundheit auf einem hohen Niveau. Lediglich große Kriege waren immer noch ein Thema.

Seit Mitte des 20. Jahrhundert stehen wir vor ganz neuen Problemen: Dadurch, dass es dem größten Teil der Menschheit gut geht, ist die Erdbevölkerung so stark gewachsen, dass alleine durch die schiere Existenz der Menschen Probleme entstehen. Wer lebt, will auch konsumieren. Der Konsum hat aber, wie wir spätestens seit den 80er-Jahren des letzten Jahrhunderts wissen, seinen Preis: CO_2-Ausstoß und dadurch stetige Erwärmung der Erde.

Der überbordende weltweite Konsum führte zu Umweltverschmutzung bis hin zur drohenden Klimakatastrophe.

Da ist es vielleicht sogar gut, dass Arbeit als Grundlage für Konsum durch die Digitalisierung und Nutzung der Künstlichen Intelligenz immer weniger als Einkommensgrundlage für uns Menschen zur Verfügung stehen wird. Aber was passiert dann? Wie werden wir ab der Mitte des 21. Jahrhunderts unseren Lebensunterhalt bestreiten?

Soweit sind sich alle Zukunftsforscher einig: In 30 Jahren werden wir alle in einer komplett anderen, auf jedem Fall mehr und mehr "digitalen" Welt leben. Darüber, wie diese Welt konkret aussehen wird, besteht allerdings absolut keine Einigkeit.

Sie wird entweder überaus lebenswert sein, da alle derzeitigen globalen Probleme überwunden sind und die „Künstliche Intelligenz" (KI) sich als Segen erwiesen hat oder sie wird uns Menschen durch Naturkatastrophen, Hunger und Armut, Handelskonflikte, Finanzkrisen, Arbeitslosigkeit, Flüchtlingskrisen, Kriege usw. das Leben so schwer machen, dass wir alles, was wir in den letzten 200 Jahren erreicht haben, nicht mehr genießen können.

Eine Lehre kann man allerdings auch aus diesen divergenten Prognosen ganz eindeutig ziehen: Wir Menschen, die in den 20er-Jahren des 21. Jahrhunderts leben, sind die wahrscheinlich letzte Generation, die es noch wirksam beeinflussen kann, in welche Richtung das Pendel ausschlägt.

Die neue Welt wird sich allerdings nicht linear, sondern extrem schnell entwickeln, viele Zukunftsforscher meinen sogar exponentiell. Das würde bedeuten, dass sich der technische Fortschritt in bestimmten Bereichen alle zwei Jahre verdoppelt.

Für die nächsten Jahre halte ich persönlich das auch für wahrscheinlich, auf Dauer aber eher nicht. Der technische Fortschritt wird aber dennoch so schnell gehen, dass wir uns jetzt im Jahr 2020 nicht einmal ansatzweise vorstellen können, was zum Beispiel im Jahr 2050 sein wird.

Weshalb schreibe ich dann dieses Buch? Ganz einfach:
Wir kennen in vielen Bereichen zumindest die Richtung und haben dadurch die Chance, darauf zu reagieren und die Weichen richtig zu stellen.

Ein Beispiel:

Nach übereinstimmenden Prognosen von Zukunftsforschern (und auch des Nürnberger „Instituts für Arbeitsmarkt- und Zukunftsforschung"/IAB) werden sich die weltweiten Arbeitsmärkte in den nächsten 20 Jahren drastisch verändern. Spätestens im Jahr 2040 werden KI-Roboter und intelligente Software uns Menschen einen großen Teil der Arbeit abgenommen haben.

Das wird zunächst alle Tätigkeiten betreffen, die relativ einfach automatisiert werden können (Lagerarbeiter/innen, Kassierer/innen, Bus-, Lkw- und Taxifahrer/innen usw.). Gleichzeitig werden aber auch in anspruchsvollen Tätigkeiten wie Versicherungs-, Finanz- und Bankfachkräfte, Steuerberater/innen usw. KI-Computer menschliche Fachkräfte ergänzen und später ersetzen[1].

Die Kinder, die derzeit geboren werden, werden ihr Berufsleben nach Schulbildung und Ausbildung oder Studium genau in dieser neuen Arbeitswelt beginnen. Das heißt, wir brauchen spätestens im Jahr 2025, wenn die ersten eingeschult werden, ein grundlegend neues Konzept für die Grundschulen. Danach für Hauptschulen, Realschulen, Fachschulen und Gymnasien und spätestens bis Ende der 20er-Jahre auch für die Hochschulen und Universitäten.

Das ist aber nur die eine Seite der Medaille.

Wir brauchen auch Lehrerinnen und Lehrer, die in der Lage sind, unter drastisch geänderten Bedingungen einen sinnvollen Unterricht zu gestalten. Es wird dann immer weniger darum gehen, Kindern Wissen zu vermitteln. Zahlen, Daten und Fakten werden ihnen künftig über ihr sprach- oder sogar gedankengesteuertes Tablet in Sekundenschnelle zur Verfügung stehen.

---

[1] Quelle: Artikel in der "WELT" vom 16.02.2018 (https://www.welt.de/wirtschaft/article173642209/Jobverlust-Diese-Jobs-werden-als-erstes-durch-Roboter-ersetzt.html)

Später wird das Tablet dann von einem Chip, der implantiert ist, abgelöst. Das "Bulimie-Lernen" wird gottseidank endgültig überflüssig sein. Wichtig sind dann Kernkompetenzen wie Kreativität, Flexibilität, Intuition, Teamfähigkeit, Empathie u.ä.

Das müssen wir aber jetzt schon bei der Lehrerausbildung berücksichtigen, damit die Pädagoginnen und Pädagogen auf die Schülerinnen und Schüler ab dem Jahrgang 2025 vorbereitet sind. Wir wissen alle, wie lange so eine Reform dauern wird...

Das große Problem mit der Politik - egal ob national durch die deutsche Bundesregierung, europaweit durch die EU oder weltweit durch die UN - ist nach meiner Erfahrung nicht, dass die Politiker die Probleme nicht erkennen. Vielmehr handeln sie - teils wegen der berechtigten Sorge, sie könnten Teile der Bevölkerung "abhängen" (und von denen nicht mehr gewählt werden) und teils wegen einflussreicher Lobbyisten - erst dann, wenn ein sehr großer Druck aufgebaut wird.

Und selbst dann laufen die politischen Prozesse viel zu langsam ab. Hier ein paar Beispiele:

- Im Jahr 1972 hat der "Club of Rome" prognostiziert, dass die Grenzen des Wirtschaftswachstums in naher Zukunft erreicht werden. Die zentralen Schlussfolgerungen seines Berichtes waren: „Wenn die gegenwärtige Zunahme der Weltbevölkerung, der Industrialisierung, der Umweltverschmutzung, der Nahrungsmittelproduktion und der Ausbeutung von natürlichen Rohstoffen unverändert anhält, werden die absoluten Wachstumsgrenzen auf der Erde im Laufe der nächsten hundert Jahre erreicht." Bis heute sind von dem Buch „Die Grenzen des Wachstums" über 30 Millionen Exemplare in 30 Sprachen verkauft worden. 1973 wurde der Club of Rome dafür mit dem Friedenspreis des Deutschen Buchhandels ausgezeichnet. Aber was hat es bewirkt?

Die mächtigen Politiker dieser Welt reagierten betroffen, ihre Nachfolger haben aber auch 50 Jahre später den erforderlichen Paradigmenwechsel noch nicht eingeleitet, sondern das Tagesgeschäft wieder nahezu unverändert aufgenommen.

- Die Notwendigkeit, dass die CO2-Emissionen unbedingt reduziert werden müssen, wurde bereits im Jahre 1990 evident: Im ersten Sachstandsbericht des Weltklimarates (IPCC) war zu lesen, dass man sich sicher sei, dass es einen natürlichen Treibhauseffekt gebe und dass der Mensch die Konzentration einiger Treibhausgase erhöhe. Das werde zu einer globalen Temperaturerhöhung führen. Aktiv wurde die Politik (UN) aber erst sieben Jahre später mit dem Kyoto-Protokoll. Aber auch das nicht mit dem nötigen Nachdruck, denn bis heute sind - global betrachtet - keine Erfolge zu verzeichnen.
- Erst nach einem Super-Gau (März 2011, Fukushima/Japan) wurde in Deutschland der Atomausstieg beschlossen. Er wird sich über den Zeitraum von 20 Jahre vollziehen. Und das ist noch eine gute Nachricht, denn in vielen anderen Ländern werden Atomkraftwerke nicht ab- sondern aufgebaut. Aber auch die Bundesregierung agiert halbherzig: Den UN-Vertrag für ein Atomwaffenverbot hat sie bis heute nicht unterzeichnet!
- In vielen Staaten wurde noch nicht realisiert, dass zwingend ein schnellstmöglicher Verzicht auf die Verbrennung von Braunkohle erforderlich ist, wenn man die Klimaziele erreichen will. Auch in Deutschland wurde der Kohleausstieg so zögerlich angegangen, als hätten wir alle Zeit der Welt.
- Die deutsche Politik hat mit angesehen, dass die weltweit führende deutsche Automobilindustrie die Umstellung vom umweltschädigenden Verbrennungsmotor auf umweltfreundlichere Antriebe verschlafen hat. Dies, obwohl das Land Niedersachsen mit seinem Anteil von 20,2 Prozent an dem VW-Konzern eine Sperrminorität, also ein Vetorecht in allen wichtigen

Entscheidungen, hat![2] Jetzt stürzt sich alles auf den Elektroantrieb, obwohl der nach übereinstimmender Einschätzung namhafter Wissenschaftler in der Gesamt-Öko-Bilanz relativ schlecht abschneidet und keine dauerhafte Lösung darstellt.

- Die Regierungen der Industrieländer haben jahrzehntelang eine "St. Florians-Politik" betrieben: Probleme wurden nicht gelöst, sondern verlagert. Das passierte beim Sondermüll, beim Plastikabfall, beim Atommüll, bei umweltverschmutzenden Autos usw.: Sollen doch die Entwicklungsländer unsere Entsorgungsprobleme lösen. Nach und nach bekommen wir jetzt mit, dass das nicht funktioniert hat und unser Müll irgendwo in Meeren und Flüssen wieder auftaucht und letztlich auch uns belastet.

So kann man die Welt nicht retten, sondern bestenfalls den Niedergang verzögern!

Noch ein Wort zum umstrittenen Thema "Zukunftsforschung":
Viele Zukunftsforscher verkünden, es gäbe nur eine einzige Methode, um Prognosen zu unserer Zukunft aufzustellen: Man müsse mit den Menschen reden, die derzeit den größten Einfluss auf die Welt haben, das seien derzeit die CEOs von Amazon, Apple, Facebook, Google, Microsoft, und Co.
Das ist grundsätzlich richtig, aber meines Erachtens nur die eine Seite der Medaille. Wie wären diese Zukunftsforscher darauf gekommen, dass es irgendwann mal so etwas wie Facebook geben würde? Mit Mark Zuckerberg hätten sie nicht reden können, er war noch auf der High-School!

---

[2] Quelle: Wikipedia (https://de.wikipedia.org/wiki/VW-Gesetz) Stand Dezember 2020

Ich halte es daher eher mit Henry Ford:
"Wenn ich die Menschen gefragt hätte, was sie wollen, hätten sie geantwortet: "Schnellere Pferde"[3].
Wie wir alle wissen, hat er gottseidank darauf verzichtet, sich nach den Wünschen der Pferdekutschenführer zu richten und ist seinen eigenen Visionen gefolgt.

Als Zukunftsforscher muss man natürlich weltweit die "Visionäre" in Politik und Unternehmen um ihre Einschätzung bitten. dadurch bleibt es einem aber nicht erspart, auch eigene Visionen zu entwickeln.

Ich habe daher die wesentlichen Erkenntnisse von Zukunftsforschern vergleichend ausgewertet und durch eigene Einschätzungen/Visionen ergänzt. Ich beschreibe aber natürlich nicht die Zukunft - das kann kein Zukunftsforscher leisten - sondern stelle aus meiner Sicht realistische Zukunfts-Szenarien/Prognosen dar.

Prognosen über die Umwelt sind allerdings schwierig zu stellen, weil sich viele Ressourcen wechselseitig beeinflussen. Viele Technikoptimisten lösen ein Problem und schaffen damit doch nur ein anderes. Es gibt leider viele Beispiele:

- Plastik war anfangs ein Segen, weil es für die Industrie viele Verpackungsprobleme löste und uns Verbrauchern ganz neue Freiheiten schenkte. Mittlerweile werden wir die Geister, die wir riefen, nicht mehr los: Plastikabfälle verseuchen unsere Umwelt und gelangen in die Nahrungskette von Mensch und Tier.
- Fracking hat zwar neue Ölvorräte erschlossen, verbraucht aber extrem viel Wasser, das man danach nicht mehr für andere Zwecke gebrauchen kann.

---

[3] Quelle: https://www.henry-ford.net/deutsch/zitate.html

- Die Atomenergie schenkte uns sauberen und kostengünstigen Strom, aber die Entsorgung der atomaren Abfälle wurde mehr und mehr zu einem unlösbaren Problem.

Diese Aufzählung könnte man leider sehr lange fortsetzen.

Was Trend- und Zukunftsforschern ihr Geschäft etwas einfacher macht: Zu jedem Trend gibt es einen Gegentrend. Trend und Gegentrend bilden oft gemeinsam die Zukunft.

Beispiele hierfür sind:
- Der Trend zu immer mehr Konsum und Besitz fördert den Gegentrend "Minimalismus und Konsumverweigerung" (allen materiellen Ballast abwerfen).
- Der Trend zum "Smarthome" fördert den Gegentrend "Entdigitalisierung und Reanalogisierung" (z.B. naturnahe spartanische Bauweise und Ausstattung).

Mein Vorschlag:
Lesen Sie einfach weiter, nehmen Sie meine Ideen als Anregungen und bilden Sie sich Ihre eigene Meinung. In jedem von uns steckt ein Zukunftsforscher und die Themen sind es wert, sich Gedanken zu machen!

Inhaltlich befasst sich das Buch mit den fünf großen Themen der Menschheit:

1. **Die Lebensqualität auf der Erde**
2. **Der Zustand unserer Umwelt**
3. **Das globale Gewaltpotential**
4. **Die Weltpolitik**
5. **Der "Reifegrad" der Menschheit**

Vielleicht kommen Sie zu ganz anderen Schlussfolgerunen?!
Wenn ja, schreiben Sie sie mir: Jimiballadeer@gmx.de.
Ich freue mich darauf!

P.S.

An wen richtet sich dieses Buch eigentlich?

Ganz einfach: An jeden Menschen.

Denn die Umweltaktivistin Greta Thunberg mit ihren "Fridays for Future-Kids" und You-Tuber wie "Rezo" zeigen uns, dass jeder bei dem Thema "Welche Zukunft erwartet uns?" mitreden kann und sollte!

Es wäre natürlich hilfreich, wenn diejenigen, die die politischen Weichen für unsere Zukunft stellen, also primär die Mitglieder der UN und der EU, das Buch wohlwollend konstruktiv-kritisch auswerten würden …

Und übrigens: Träumen ist nicht nur erlaubt, sondern unbedingt erforderlich!

Kapitel 1
Die Lebensqualität auf der Erde

Nahrungsmittel

Führt unsere Landwirtschaft in eine Sackgasse?

Derzeitige Situation

Das Problem der wachsenden Weltbevölkerung und der begrenzten Anbaugebiete hat dazu geführt, dass die normale, seit Jahrtausenden übliche Landwirtschaft überwiegend durch "moderne" Formen wie Massentierhaltung und Monokulturen ersetzt wurde. Das mag anfangs gut gemeint gewesen sein, schlug aber mittlerweile in das Gegenteil um.

Der Chemieeinsatz bei Mast und Düngung nahm drastisch zu. In den gigantischen Tierfabriken werden Antibiotika bereits dann an alle Tiere verabreicht, wenn nur wenige erkrankt sind oder sogar rein prophylaktisch. Die Haltungsbedingungen sind zum Teil erschütternd schlecht.

Regelmäßig erfährt man durch die Presse von Großbetrieben, insbesondere in der Schweinemast, bei denen tierverachtende und abstoßende Zustände aufgedeckt wurden. Das bleibt nicht ohne Auswirkungen auf die Qualität unserer Lebensmittel.

Für pflanzliche Produkte gilt Ähnliches. In Monokulturen müssen in hohem Maße Pestizide eingesetzt werden. Diese beeinflussen das Gleichgewicht der Natur. Das Insektensterben nimmt immer mehr zu. Laut einer neuen Studie ist die Gesamtmasse der Insekten in den letzten 27 Jahren um 75% zurückgegangen[4].

Insekten sind die artenreichste Tiergruppe. Sie bilden das Fundament eines gesunden Ökosystems. Sie sind nicht nur die wichtigsten Pflanzenbestäuber, sondern regulieren auch Schädlinge und dienen zahlreichen anderen Arten als Futter. Weniger Insekten bedeuten deshalb weniger Fische, Frösche, Eidechsen, Vögel und Säugetiere. Wenn das Fundament wegbricht, wie es die neue Studie nahelegt, dann droht das ganze Gebäude – unser gesamtes Ökosystem – einzustürzen.

Diese Zukunft erwartet unsere Kinder und Enkel

Die Auswirkungen all dieser Entwicklungen für den Menschen sind fatal. Wenn die Probleme weiterhin so eskalieren, wird sich die Menschheit ganz ohne Kriege selbst fast ausrotten, so - überspitzt - das Forschungsergebnis der Berliner Charité[5].

---

[4] Quelle: NABU Baden-Württemberg News Oktober 2017 (https://baden-wuerttemberg.nabu.de/news/2017/oktober/23297.html)

[5] Studie im Auftrag der Bundestagsfraktion Bündnis 90/Die Grünen PD von Dr. Elisabeth Meyer, Charité Berlin (https://www.gruene-bundestag.de/fileadmin/media/gruenebundestag_de/themen_az/agrar/Studie-Antibiotika-und-Resistenzen.pdf)

Was hat die EU versäumt bzw. falsch gemacht?

Die EU hätte es durch die Agrarsubventionen, die sie jedes Jahr in zweistelliger Milliardenhöhe verteilt, in der Hand, die richtigen Anreize für die Produktion gesunder Lebensmittel zu setzen.

Aber die Praxis sieht leider anders aus: Die EU steht seit Jahren in der öffentlichen Kritik, weil sie nach dem Gießkannenprinzip fördert und dadurch Massentierhaltung und Monokulturen noch unterstützt.

Die angesehene „New York Times" bezeichnet das System der Agrarsubventionen in der Europäischen Union als modernen Feudalismus, mit EU-Mitteln finanziert. Ein hartes Urteil, aber offenbar gerechtfertigt.

Konkret kritisierte die Zeitung vor allem, dass die Fördermittel, die den größten Teil des EU-Haushalts ausmachen, längst nicht nur kleinen Landwirten, sondern auch reichen Oligarchen zugutekämen. Das System, das die Vergabe solcher Mittel an die Größe des bewirtschafteten Landes knüpft, lade zu legalen Formen von Korruption ein. So habe der ungarische Premier Viktor Orbán sowohl Familienmitgliedern als auch politischen Verbündeten große Mengen an Land zugeschustert; in Tschechien habe eine Firma von Premierminister Andrej Babiš allein im vergangenen Jahr 42 Millionen Euro Fördergelder eingestrichen[6].

---

[6] Quelle: SZ.de (https://www.sueddeutsche.de/wirtschaft/eu-agrar-subventionen-in-der-kritik-1.4667097)

Einschub:

Generelle Hinweise zu den Einstufungen nach jedem TOP:

Ich werde die Tagesordnungspunkte (TOP) einer fiktiven Welt-Agenda durchnummerieren und zu jedem TOP eine Einschätzung geben, wer (einzelne Menschen oder bestimmte Gruppen) welchen Einfluss (Einflussstärke) auf die Umsetzung des TOP hat.

Eigentlich sollte man annehmen, dass, wenn jeder von uns sein Bestes gibt, alle Probleme dieser Welt gelöst werden können. Sozusagen der positive Schneeballeffekt. Das ist prinzipiell richtig, aber leider absolut unrealistisch.

Natürlich, wenn jeder Mensch "gut" wäre, bräuchten wir kein Strafgesetzbuch mehr. Wenn jeder defensiv und umsichtig Auto fahren würde, wären Verkehrsregeln und Bußgelder überflüssig. Wenn jeder den Anderen so behandeln würde, wie er selbst behandelt werden möchte, hätten wir keine Verbrechen und Kriege mehr ... Immanuel Kant hat das in seinem „kategorischen Imperativ" als das grundlegende Prinzip ethischen Handelns formuliert.

An diesen wenigen Beispielen sieht man aber, dass die alleinige Hoffnung auf die Vernunft der Menschheit nicht zielführend ist. Einzelne Menschen werden sich immer vorbildhaft verhalten, aber nie Alle. Die Geschichte hat gezeigt, dass man Probleme leider nicht dadurch lösen kann, dass man alleine auf die Einsicht der Menschen setzt. Große Effekte sind nur durch zentrale Vorgaben zu erreichen, an die sich die Menschen zwingend halten müssen (siehe z.B. Abschaffung der Sklaverei, Frauenwahlrecht, Rauchverbot, Verbot von FCKW, Einführung von Katalysatoren, Umweltstandards usw.).

Mit "Global Player" meine ich die großen NGOs wie z.B. Greenpeace und die großen Social-Media-Konzerne wie z.B. Amazon, Google und Facebook.

Eine "Welt-Institution" wäre so etwas wie eine Welt-Regierung, allerdings nur zuständig für globale Probleme, die von einzelnen Ländern nicht gelöst werden können. Also ein Parlament oder ein Rat, das/der noch über der UN steht.

Nun geht es wieder weiter im Buch:

Was muss auf unserer Welt-Agenda für die Jahre 2020 bis 2030 unbedingt stehen?

TOP 1: Muss der Versuch, die Ernährung der Menschheit durch Massentierhaltung und riesige Monokulturen sicherzustellen, nicht endlich offiziell als gescheitert betrachtet werden? Sind die Nachteile nicht einfach zu groß? Fehlentwicklungen der vergangenen Jahrzehnte, die z.B. zu ausgelaugten und verlorenen Flächen durch Überdüngung und Monokulturen führten, dürfen nicht immer weiterlaufen. Sollte die Staatengemeinschaft daher nicht endlich festlegen, dass die kompetentesten Agrarwissenschaftler aus allen Ländern zusammenarbeiten, um das vorhandene Wissen zu bündeln und ökologisch und ökonomisch langfristig vertretbare Lösungen zu entwickeln?

Das Rad kann sicher nicht mehr in Richtung kleinbäuerlicher Viehhaltung zurückgedreht werden, dazu ist der Nahrungsmittelbedarf der wachsenden Weltbevölkerung einfach zu groß. Aber brauchen wir nicht eine intelligente und innovative Kombination von vorhandenen Methoden?

Die gute Nachricht hierzu:
Der Menschheit stehen auch jetzt schon viele Hebel zur Verfügung man muss sie nur nutzen und geschickt kombinieren.
Die acht wichtigsten Hebel sind nach dem Stand der derzeitigen Forschung folgende[7]:

---

[7] Quelle: ChatGPD Stand August 2024

1. **Förderung von Agrarökologie**

   Mischkulturen und Fruchtwechsel: Durch den Anbau verschiedener Pflanzenarten auf demselben Feld werden Nährstoffe im Boden besser genutzt, Schädlinge besser kontrolliert und die Bodenfruchtbarkeit erhalten.

   Agroforstwirtschaft: Die Integration von Bäumen und Sträuchern in landwirtschaftliche Flächen kann die Bodenqualität verbessern, Erosion verhindern und den Wasserhaushalt stabilisieren.

2. **Förderung pflanzenbasierter Ernährung**

   Ernährungsumstellung: Eine Verschiebung hin zu mehr pflanzenbasierter Ernährung reduziert den Bedarf an landwirtschaftlichen Flächen und Ressourcen, da die Produktion von tierischen Lebensmitteln in der Regel ressourcenintensiver ist.

   Proteinalternativen: Die Entwicklung und Verbreitung von pflanzlichen Proteinen, Algen und Insekten als alternative Proteinquellen könnte den Druck auf traditionelle Viehzucht verringern.

3. **Urban Farming und vertikale Landwirtschaft**

   Städtische Landwirtschaft: Der Anbau von Lebensmitteln in städtischen Gebieten, wie z. B. auf Dächern oder in Gemeinschaftsgärten, kann die Frische und Zugänglichkeit von Lebensmitteln verbessern und Transportwege verkürzen.

   Vertikale Landwirtschaft: Der Einsatz von vertikalen Anbausystemen in Gebäuden ermöglicht eine effiziente Nutzung von Raum und Ressourcen, insbesondere in dicht besiedelten Gebieten.

4. Regenerative Landwirtschaft

Bodenaufbau und Humusanreicherung: Regenerative Praktiken wie Kompostierung, Mulchen und minimaler Bodenbearbeitung tragen zur Verbesserung der Bodenfruchtbarkeit und Kohlenstoffspeicherung bei.

Weidewirtschaft: Die Nutzung von Weideflächen für extensivere Tierhaltung kann durch richtige Managementpraktiken zur Regeneration von Ökosystemen beitragen.

5. Reduzierung von Lebensmittelverschwendung

Effizientere Lieferketten: Verbesserte Lagerung, Transport und Distribution von Lebensmitteln können Verluste reduzieren und die Verfügbarkeit erhöhen.

Aufklärung und Sensibilisierung: Verbraucherbildung zur Reduzierung von Lebensmittelverschwendung kann einen großen Unterschied machen.

6. Unterstützung von Kleinbauern

Zugang zu Ressourcen und Märkten: Kleinbauern sollten Zugang zu Saatgut, Wasser, Land und Märkten erhalten, um nachhaltige Praktiken anwenden und ihre Erträge steigern zu können.

Förderung von Kooperativen: Kleinbauern könnten von gemeinschaftlich genutzten Ressourcen und Know-how profitieren, um ihre Produktionsmethoden zu verbessern.

7. Technologische Innovationen

Präzisionslandwirtschaft: Der Einsatz von Technologien wie Drohnen, Sensoren und Datenanalyse kann den Ressourceneinsatz optimieren und die Erträge steigern.

Züchtung resistenter Sorten: Durch Züchtung oder biotechnologische Methoden könnten Pflanzen entwickelt werden, die resistenter gegen Krankheiten, Schädlinge und klimatische Veränderungen sind.

8. Erhaltung der biologischen Vielfalt

Saatgutbanken und Biodiversität: Die Erhaltung und Nutzung einer breiten Palette von Kulturpflanzen und Tierarten erhöht die Resilienz der Landwirtschaft gegenüber Umweltveränderungen.

Naturschutz in der Landwirtschaft: Das Schaffen von Pufferzonen und der Schutz von natürlichen Habitaten auf oder neben landwirtschaftlichen Flächen fördert die Artenvielfalt.

Wer hat welchen Einfluss auf TOP 1?

	Einfluss gering	mittel	hoch	sehr hoch
Jeder Mensch		■		
Politiker eines Landes		■		
EU			■	
UN				■
Global Player		■		
Welt-Institution				■

Wir als Verbraucher haben durch Anpassung unserer Ernährungsgewohnheiten natürlich einen gewissen Einfluss, aber für eine gravierende Veränderung müssten sich Milliarden von Menschen entschließen, der Agrar-Lobby die Stirn zu bieten. Das ist kaum zu erwarten. Einen echten Paradigmenwechsel könnten daher nur Vorgaben der EU, UN oder einer Welt-Institution, wie z.B. einem supranationalem Konsortium von Agrarwissenschaftlern, herbeiführen. Sollte die Menschheit dies nicht anstreben?!

Gegen Nahrungsmittelverschwendung wäre z.B. eine globale "Nahrungsmittel-Verfassung" sinnvoll. Darin müssten Grundsätze stehen, an die wir uns alle halten müssen, wenn wir als Mensch-

heit eine Zukunft haben wollen (Themen wären "Nahrungsmittelerzeugung", Nahrungsmittelsubventionen", "Nahrungsmittelverteilung", "Nahrungsmittelvernichtung" usw.).

Gesundheit

Werden die "normalen" Menschen mit Seuchen und Epidemien kämpfen müssen, während ein kleiner privilegierter Kreis nahezu unsterblich wird?

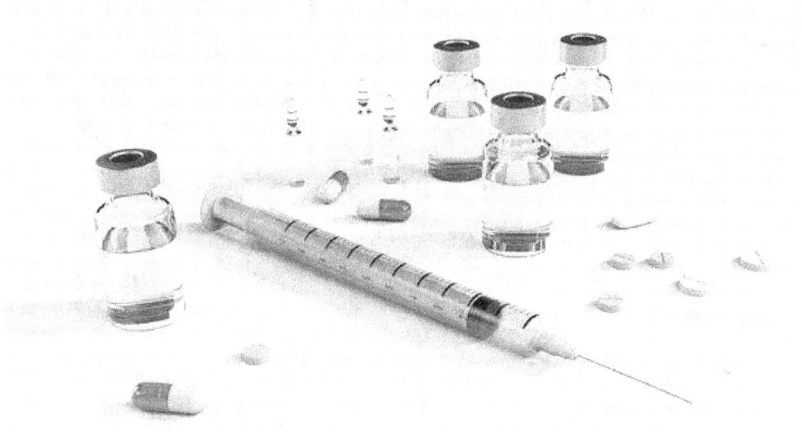

Derzeitige Situation

Die Gesundheit der Weltbevölkerung ist ein Thema der Extreme:
- Mehr als die Hälfte aller Menschen weltweit können nicht zum Arzt oder in ein Gesundheitszentrum gehen, wenn sie krank sind – weil die Entfernung zu weit ist oder weil es zu teuer ist.
- Wenn die Weltbevölkerung von Epidemien oder Pandemien wie Ebola, SARS oder aktuell Covid 19 heimgesucht wird, sind wir vermeintlich alle gleich. Bei genauerer Betrachtung sieht man aber wieder die Ungerechtigkeit: In Ländern mit einem funktionierendem Gesundheitssystem (wie z.B. Deutschland) halten sich die tödlichen Auswirkungen in Grenzen. Aber in vielen anderen Ländern (in allen Entwicklungsländern, aber auch in Industrieländern wie den USA oder Russland), wo der ärmere Teil der Bevölkerung keine Krankenversicherung hat

und das Gesundheitssystem auch nicht auf die Versorgung der Armen in einem Pandemiefall vorbereitet ist, sind ungleich mehr Todesfälle zu beklagen.
- Einige der reichsten Menschen investieren in „Superbiologie" und „Transhumanismus". Vor allem die mysteriöse Google-Tochter Calico will unserer Endlichkeit ein Ende setzen. Am Rande des Silicon Valley in Kalifornien erforscht die California Life Company (Calico) mit nahezu unbegrenzten Mitteln der Google-Mutter Alphabet Inc., wie man dem Tod ein Schnippchen schlägt. Calico heuerte jeden an, der in der Biotech-Szene Rang und Namen hatte. Mehr als 100 Wissenschaftler arbeiten nun in dem erdbebensicher verglasten Laborgebäude an der Unsterblichkeit[8].
- Die Weltgesundheitsorganisation (WHO) hat die Bekämpfung von Erkrankungen sowie die Förderung der allgemeinen Gesundheit der Menschen auf der ganzen Welt als Aufgabe. Dafür steht ihr aktuell ein Jahresbudget von rund 2,2 Milliarden US-Dollar zur Verfügung. Im Vergleich dazu wird der Freistaat Bayern alleine für die Modernisierung der Universität Erlangen in den nächsten Jahren 1,5 Milliarden Euro investieren. Was besonders fatal ist: US-Präsident Donald Trump hat in der aktuellen Corona-Situation verfügt, dass die US-Zahlungen an die WHO eingefroren werden. So viel Ignoranz ist nicht zu schlagen, oder?! Gottseidank ist diese dunkle Phase der ältesten Demokratie der Welt jetzt vorbei. Der neue Präsident Joe Biden unterstützt zwar die WHO wieder, aber für die vielen Menschen, die durch Trump's rücksichtslose Entscheidung schwer

---

[8] Quelle: Focus online (https://www.focus.de/magazin/archiv/wissen-im-silicon-valley-suchen-milliardaere-nach-dem-heiligen-gral-der-unsterblichkeit-fuehrt-sie-dieser-nacktmull-zum-ewigen-leben_id_9961897.html)

erkrankt sind oder sogar ihr Leben verloren haben, ist das nur ein schwacher Trost.

- Die Welt hat mehrere Jahre mit Covid 19 gekämpft und so wie es aussieht, werden wir uns auch künftig mit ähnlichen Viren auseinandersetzen müssen. Aber langfristig gesehen sind resistente Keime ein viel größeres Problem. Unsere vielgepriesenen Antibiotika werden immer wirkungsloser, da wir in einem Teufelskreis stecken. Die Forschung entwickelt und entwickelt, aber wir nehmen täglich durch unsere Nahrung ungewollt Antibiotika zu uns und die Bakterien passen sich immer wieder an und sind uns einen Schritt voraus. Zudem werden die als letzte Rettung für den Menschen vorbehaltene „Reserve-Antibiotika" zunehmend auch in der Tiermast eingesetzt. Eine medizinische Katastrophe droht.
- Der Multimilliardär und Philanthrop Bill Gates, der sich seit gut 20 Jahren unter anderem für besseren Impfschutz einsetzt, hatte bereits im Jahr 2015 in einem öffentlichen Vortrag gewarnt, dass die Welt nicht so sehr von einem nuklearen Krieg bedroht sei, sondern viel mehr von dem globalen Ausbruch eines Virus. Manche Menschen, sogenannte „Verschwörungstheoretiker", loben nun aber nicht Gates' Weitsicht, sondern sehen seine fünf Jahre alte Warnung als einen Beleg dafür, dass er mithilfe einer Pandemie die Kontrolle über die Gesundheitssysteme der Welt erlangen wolle.
- Auch Hans Rosling, der leider schon verstorbene schwedische Professor für Internationale Gesundheit und Direktor der Gapminder-Stiftung hat in seinem aufsehenerregenden Buch „Factfulness" im Jahr 2018 fünf globale Risiken aufgeführt, die die Menschheit beunruhigen sollten. Eines davon war eine globale Pandemie durch einen „neuen aggressiven Grippetyp". Er

schreibt, dass eine durch die Luft übertragbare Krankheit die größte Bedrohung für die globale Gesundheit darstelle[9].

Diese Zukunft erwartet unsere Kinder und Enkel

Der Zukunftsforscher Sven Gabor Janszky prophezeit ganz allgemein, dass Kinder, die jetzt (2019) geboren werden, eine Lebenserwartung von 120 bis zu 150 Jahren haben werden.

Konkrete Vorstellungen hat Ray Kurzweil, der Zukunftsforscher von Google. Er sucht nach der Formel für das ewige Leben und glaubt, dass bereits im Jahr 2030 Nanoroboter das Immunsystem optimieren. Die Miniroboter würden in der Zukunft im Blutkreislauf eingesetzt, um dort die menschlichen Schwachstellen kontinuierlich zu reparieren. Doch nicht nur, dass damit das natürliche Lebensende hinausgezögert werden könne – seiner Überzeugung nach wird es auch bald möglich sein, das Nervensystem über virtuelle und erweiterte Realität komplett mit dem Internet zu verbinden.

Der Mensch wäre dann unsterblich – und Kurzweils Gehirn würde der Nachwelt funktionsfähig in der Cloud erhalten bleiben[10].

Was muss auf unserer Agenda für die Jahre 2020 bis 2030 unbedingt stehen?

TOP 2: Darf das Thema "Weltgesundheit" tatsächlich von großen Konzernen und untätigen Regierungen dominiert werden?

Wenn man sieht, vor welchen gigantischen Aufgaben die Weltgesundheitsorganisation (WHO) alleine aufgrund der prognostizierten Zunahme der Weltbevölkerung steht und wie wichtig eine globale Strategie ist, ist es unfassbar, dass die UN nicht schon

---

[9] Quelle: Hans Rosling „Factfulness", erschienen im Ullstein-Verlag 2018
[10] Quelle: Digitaler Mittelstand, Artikel vom 16.03.2017 (https://digitaler-mittelstand.de/technologie/ratgeber/maschinen-die-wie-menschen-denken-33086)

längst die Finanzierung der WHO reformiert hat. Die Beiträge der WHO-Mitgliedstaaten sind so niedrig, dass Altruisten wie Bill Gates jedes Jahr wesentlich mehr Gelder für die Weltgesundheit einsetzen, als die WHO.

Im Prinzip ist natürlich jede Spende gut, aber es entstehen auch Zielkonflikte. Die "Unsterblichkeit" wird sich – soweit sie durch die beschriebenen Technologien überhaupt erreicht werden kann – nur ein verschwindend kleiner Teil der Menschheit finanziell leisten können. Wenn jetzt schon die Hälfte der Menschheit (also über 3.500.000.000 Menschen!) von den "normalen" Segnungen der modernen Medizin ausgeschlossen ist, klingen Forschungen in Richtung "Unsterblichkeit" wie der blanke Hohn.

Sollte sich die Forscher-Elite nicht besser darum kümmern, wie ein guter Standard für <u>alle</u> Menschen erreicht werden kann?

Ist es ethisch wirklich zu vertreten, dass Google mit nahezu unbegrenzten finanziellen Mitteln versucht, ein Luxus-Gesundheitsproblem zu lösen, während jeden Tag tausende von Menschen an alltäglichen Krankheiten sterben, weil die WHO nicht genügend Geld zur Verfügung hat?

Sollte die Staatengemeinschaft daher nicht schnellstmöglich die WHO finanziell den Aufgaben angemessen ausstatten und die multinationalen Konzerne verpflichten, sich angemessen daran zu beteiligen??

Die reichen Industriestaaten müssten hier mit gutem Beispiel vorangehen und ihren „Mitgliedsbeitrag" deutlich erhöhen. Dann würden vielleicht auch die anderen Länder nachziehen. Die EU und die UN könnten und müssten diese Entwicklung unterstützen. Wirksamen Druck auf die multinationalen Konzerne könnte aber nur eine machtvolle Welt-Institution aufbauen.

Um zu verhindern, dass in Zukunft nur ein kleiner privilegierter Kreis von medizinischen Fortschritten profitiert und „normale"

Menschen mit Seuchen und Epidemien kämpfen müssen, bedarf es eines breiten und umfassenden Ansatzes. Nach der überwiegenden Auffassung der Wissenschaftler sind hierbei folgende Maßnahmen erfolgversprechend [11]:

1. Zugang zu medizinischer Versorgung für alle gewährleisten

Globale Gesundheitsinfrastruktur stärken: Investitionen in die Gesundheitssysteme weltweit sind notwendig, um allen Menschen Zugang zu grundlegender Gesundheitsversorgung, Impfungen und Medikamenten zu ermöglichen. Dies könnte durch internationale Kooperationen und Organisationen wie die WHO unterstützt werden.

Universelle Gesundheitsversorgung: Die Implementierung von Gesundheitssystemen, die allen Bürgern unabhängig von ihrem Einkommen Zugang zu medizinischen Dienstleistungen ermöglichen, ist entscheidend, um die Ungleichheiten in der Gesundheitsversorgung zu verringern.

2. Faire Verteilung von medizinischen Innovationen

Regulierung und Patentrechte: Eine strengere Regulierung von Patentrechten für Medikamente und medizinische Technologien könnte sicherstellen, dass lebensrettende Innovationen nicht nur einer kleinen Elite zur Verfügung stehen. Dies könnte durch Modelle wie „Patent Pools" oder obligatorische Lizenzen erreicht werden, um eine breitere Verfügbarkeit zu gewährleisten.

Subventionierung von lebenswichtigen Medikamenten: Regierungen könnten lebenswichtige Medikamente subventionieren, um sicherzustellen, dass diese für die gesamte Bevölkerung erschwinglich bleiben.

---

[11] Quelle: ChatGPD Stand August 2024

3. Internationale Zusammenarbeit und Gerechtigkeit

Globale Gesundheitspartnerschaften: Zusammenarbeit zwischen Ländern und internationalen Organisationen zur Bekämpfung von Seuchen und Epidemien ist essenziell. Initiativen wie der COVAX-Mechanismus zur gerechten Verteilung von COVID-19-Impfstoffen können als Vorbild dienen.

Gerechtigkeit in der Forschung und Entwicklung: Forschungsgelder und Ressourcen sollten auf die Bedürfnisse aller Menschen, insbesondere der ärmsten und verwundbarsten Bevölkerungsgruppen, ausgerichtet sein, um sicherzustellen, dass medizinische Durchbrüche allen zugutekommen.

4. Förderung von Transparenz und Rechenschaftspflicht

Überwachung von Gesundheitsinnovationen: Die Entwicklung und Anwendung neuer medizinischer Technologien und Behandlungen sollte transparent erfolgen, und es sollte gewährleistet werden, dass diese Innovationen nicht exklusiv vermarktet werden.

Gesellschaftliche Kontrolle und Bürgerrechte: Bürgerinitiativen und Nichtregierungsorganisationen können eine wichtige Rolle dabei spielen, Regierungen und Unternehmen zur Rechenschaft zu ziehen, um sicherzustellen, dass medizinische Ressourcen fair verteilt werden.

5. Bildung und Aufklärung

Gesundheitsbildung: Investitionen in die Gesundheitsbildung sind notwendig, damit die breite Bevölkerung die Bedeutung von Prävention, Impfung und Hygiene versteht und Zugang zu diesen Maßnahmen hat.

Aufklärung über Ungleichheiten: Gesellschaftliche Sensibilisierung über die potenziellen Ungleichheiten im Gesundheitssektor kann den politischen Druck erhöhen, gerechte Gesundheitsmaßnahmen umzusetzen.

6. Bekämpfung der Ursachen von Epidemien

Umwelt- und Klimaschutz: Da viele Seuchen durch Umweltzerstörung und Klimawandel verstärkt werden, ist ein konsequenter Umweltschutz erforderlich, um das Auftreten von Epidemien zu minimieren.

Tiergesundheit und One Health: Die Förderung des „One Health"-Ansatzes, der die Gesundheit von Menschen, Tieren und Umwelt als miteinander verbunden betrachtet, kann dazu beitragen, das Risiko von zoonotischen Krankheiten zu verringern.

7. Ethik in der Wissenschaft und Technologie

Ethische Rahmenbedingungen für die Unsterblichkeitsforschung: Die Forschung zu lebensverlängernden oder unsterblich machenden Technologien sollte durch ethische Richtlinien begleitet werden, die sicherstellen, dass diese Technologien nicht nur den Wohlhabenden vorbehalten bleiben.

Demokratische Kontrolle von Biotechnologien: Eine breite gesellschaftliche Debatte und demokratische Kontrolle über die Entwicklung und Anwendung von Biotechnologien könnte helfen, dass diese Technologien im Dienste der gesamten Menschheit stehen.

8. Stärkung des sozialen Zusammenhalts

Soziale Sicherheitssysteme: Der Aufbau starker sozialer Sicherheitssysteme kann dazu beitragen, dass niemand durch Krankheit oder Epidemien ins wirtschaftliche oder soziale Abseits gedrängt wird.

Förderung von Solidarität: Initiativen, die Solidarität und Gemeinschaftsgefühl fördern, können dazu beitragen, dass in Krisenzeiten Ressourcen geteilt und gemeinsam Lösungen gefunden werden.

Wer hat welchen Einfluss auf TOP 2?

	Einfluss gering	mittel	hoch	sehr hoch
Jeder Mensch			■	
Politiker eines Landes				■
EU			■	
UN			■	
Global Player	■			
Welt-Institution			■	

Bei diesem Top könnten und sollten wir Bürger etwas bewegen: In unserer Eigenschaft als Wähler könnten wir die Parteien dazu bewegen, künftig die richtigen Prioritäten zu setzen. Jedes Land kann dann sein Gesundheitssystem optimieren und andere Länder von Innovationen profitieren lassen. Voraussetzung dafür wäre allerdings ein staatliches Gesundheitssystem, das neue Medikamente ohne Gewinnerzielungsabsicht erforscht und entwickelt. Nur dadurch könnte die Macht der global aufgestellten Pharmariesen gebrochen werden, die z.B. billige – aber extrem wichtige – Medikamente vom Markt zurückzuziehen, um sie dann wenig später unter neuem Namen für ein Vielfaches des ursprünglichen Preises wieder zu verkaufen.

Einkommen und Vermögen

Wird die Schere zwischen Arm und Reich noch weiter auseinander gehen?

Derzeitige Situation

Das reichste Prozent der Weltbevölkerung besitzt mehr Vermögen als die anderen 99% zusammen. Etwa 700 Millionen Menschen auf der Welt haben nicht genug zu essen und müssen von weniger als 1,90 Dollar pro Tag leben. Während die Hälfte der Weltbevölkerung (also rund 3.500.000.000 Menschen) von zwei bis zehn Dollar pro Tag lebt[12].

Diese Zahlen erscheinen seit Jahren immer wieder in den Medien und sind daher hinlänglich bekannt. Aber dadurch werden sie nicht erträglicher und auch kaum besser.

---

[12] Quelle: Oxfam-Studie 2017 (https://www.oxfam.de/ueber-uns/aktuelles/2017-01-16-8-maenner-besitzen-so-viel-aermere-haelfte-weltbevoelkerung)

Im Jahr 2017 wurde der Kampf gegen den Welthunger auf den Stand von 2010 zurückgeworfen. Das liegt vor allem an den Folgen des Klimawandels, wie ein Report der UN besagt.

Darüber hinaus sorgen bewaffnete Konflikte und ein stagnierendes Wirtschaftswachstum in von Hunger betroffenen Regionen für einen erneuten Anstieg der Unterernährung in beinahe ganz Afrika und Teilen Südamerikas. In Asien bleibt das Überwiegen von Unterernährung in der Bevölkerung stabil.

Diese Zukunft erwartet unsere Kinder und Enkel

Im Prinzip denke ich, so wie viele Zukunftsforscher, optimistisch und glaube den Prognosen, dass die Zahl der Armen weiter konstant zurückgehen wird. Aber dieser Prozess wird sich über mehrere Jahrzehnte hinziehen, während die Zahl der Reichen und Superreichen viel schneller wachsen wird. Das heißt, die Schere zwischen Arm und Reich wird noch weiter auseinander gehen. Dadurch, dass riesige Vermögen auf einen kleinen elitären Kreis von Superreichen konzentriert sind, werden auch mehr und mehr demokratische Prozesse ausgehöhlt: "Wer zahlt, schafft an". Das ist eine gefährliche Entwicklung!

Was hat die Staatengemeinschaft versäumt bzw. falsch gemacht?

Im September 2015 haben 193 Staats- und Regierungschefs im Rahmen der UN die "Agenda 2030" mit ihren 17 Zielen für nachhaltige Entwicklung („SDGs") verabschiedet. Die Kernanliegen der Agenda 2030 sind: Weltweit Hunger und Armut zu beenden sowie die soziale Ungleichheit global und national zu reduzieren. Lobenswerte Ziele! Aber was hat sich seitdem getan?

Hinweise dazu kann der jährliche Bericht des UN-Generalsekretärs über den Fortschritt bei der Erreichung der Ziele geben.

Der Bericht für 2018 ist deprimierend:

Die reichen Industrieländer sind ihrer Verantwortung zur Beendigung von Hunger und Armut bislang nicht nachgekommen[13].

Zwar sehen viele Staaten ihre Verantwortung und leisten Entwicklungshilfe für den armen Teil der Welt, aber - bezogen auf ihren Reichtum - leider nur in sehr geringem Umfang (dazu kommt noch das Problem, dass die Entwicklungshilfe oft falsch eingesetzt wird, wie die Ökonomin Dambisa Moyo in ihrem Buch "Dead Aid"[14] überzeugend dargelegt hat.

Bei den 29 Geberländern im OECD-Entwicklungsausschuss lag z.B. der Anteil am jeweiligen Bruttonationaleinkommen, die sogenannte ODA-Quote, im Durchschnitt bei jämmerlichen 0,32%. Deutschland hat immerhin 0,77% erreicht, aber auch dieser Anteil ist beschämend niedrig[15]. Natürlich gibt es reiche Staaten, die sehr viel tun, ich denke da zum Beispiel an die "International Humanitarian Aid and Development Fair"[16], die von den Emiraten in Zusammenarbeit mit der UN und dem Roten Kreuz jährlich ausgerichtet wird. Aber auch das sind - gemessen am Reichtum dieser Staaten - nur kleine Beträge.

Auch jetzt, im Jahr 2024 fällt die Bilanz ernüchternd aus[17]:

Vom Erreichen der Nachhaltigkeitsziele sind die Staaten weit entfernt. Lediglich 15 Prozent der insgesamt 140 Einzelmaßnahmen liegen im Zeitplan. Bei mehr als 30 Prozent der Ziele gibt es keine Veränderung oder es wurden seit 2015 sogar Rückschritte verzeichnet.

---

[13] Quelle: https://info.brot-fuer-die-welt.de/blog/1000-tage-agenda-2030-was-hat-sich-bisher-getan

[14] Quelle: Huffpost vom 10.04.2015 (https://www.huffingtonpost.de/hans-durrer/dead-aid-warum-entwicklun_b_6580942.html)

[15] Quelle: Süddeutsche Zeitung, Ausgabe vom 11. April 2017

[16] Quelle: https://www.aid-expo.com/

[17] Quelle: Deutschlandfunk vom 19.09.2023 (https://www.deutschlandfunk.de/un-nachhaltigkeitsziele-agenda-2030-100.html#stand)

Dass sich seit 2018 nicht viel verbessert hat, hat leider viele Gründe[18]:

1. **Komplexität und Ambition der Ziele**

   Breite und Tiefe der SDGs: Die SDGs decken eine Vielzahl von Themen ab, die alle miteinander verknüpft sind. Der Erfolg in einem Bereich kann oft auf Kosten eines anderen gehen. Die multidimensionalen und komplexen Ziele erfordern koordiniertes Handeln auf globaler, nationaler und lokaler Ebene, was äußerst schwierig zu erreichen ist.

   Unterschiedliche Voraussetzungen und Herausforderungen: Länder haben unterschiedliche wirtschaftliche, soziale und politische Ausgangsbedingungen. Die SDGs sind universell anwendbar, aber die Wege zur Erreichung der Ziele sind von Land zu Land verschieden, was die globale Koordination erschwert.

2. **Unzureichende Finanzierung**

   Mangel an finanziellen Ressourcen: Viele Länder, insbesondere Entwicklungsländer, haben nicht die notwendigen finanziellen Mittel, um die SDGs umfassend umzusetzen. Die geschätzten Kosten für die Erreichung der SDGs gehen in die Billionen Dollar pro Jahr, was eine enorme Herausforderung darstellt.

   Ungleichgewicht in der Finanzierung: Während einige Ziele, wie der Zugang zu sauberem Wasser (SDG 6), relativ gut finanziert sind, fehlen in anderen Bereichen, wie dem Schutz der Biodiversität (SDG 15), oft die nötigen Mittel.

3. **Politische und institutionelle Herausforderungen**

   Globale und nationale Prioritäten: Die politischen Prioritäten vieler Länder und ihrer Führungen stimmen nicht immer mit

---

[18] Quelle: ChatGPD Stand August 2024

den SDGs überein. Nationale Interessen, kurzfristige wirtschaftliche Ziele oder politische Instabilität können die Umsetzung der SDGs behindern.

Korruption und schlechte Regierungsführung: In vielen Ländern untergräbt Korruption die effektive Nutzung von Ressourcen, die für die Umsetzung der SDGs notwendig sind. Eine schwache Regierungsführung führt oft zu ineffizienter Planung und Umsetzung.

4. Ungleichheiten und soziale Barrieren

Soziale Ungleichheiten: Die SDGs zielen darauf ab, Ungleichheiten zu verringern, aber bestehende soziale, wirtschaftliche und geschlechtsspezifische Ungleichheiten erschweren die Erreichung dieser Ziele. Diskriminierung und Ungerechtigkeit sind weiterhin tief in vielen Gesellschaften verwurzelt.

Bildungs- und Gesundheitslücken: Trotz Fortschritten gibt es weiterhin erhebliche Lücken im Zugang zu Bildung und Gesundheitsdiensten, insbesondere in Entwicklungsländern, was die Armut und den Hunger verschärft und die Umsetzung anderer SDGs erschwert.

5. Umwelt- und Klimawandel

Klimawandel: Der Klimawandel stellt eine der größten Bedrohungen für die Erreichung der SDGs dar. Extremwetterereignisse, steigende Meeresspiegel und Veränderungen in den globalen Klimamustern wirken sich direkt auf Landwirtschaft, Wasserressourcen und menschliche Gesundheit aus und verschärfen Armut und Hunger.

Umweltzerstörung: Die fortschreitende Zerstörung natürlicher Lebensräume und die Übernutzung von Ressourcen machen es schwer, Ziele wie den Schutz der Ozeane (SDG 14) und der Biodiversität (SDG 15) zu erreichen.

6. Wirtschaftliche Krisen und globale Herausforderungen

Wirtschaftliche Instabilität: Globale und regionale Wirtschaftskrisen, wie die Finanzkrise 2008 oder die durch die COVID-19-Pandemie verursachte Rezession, haben die Fortschritte bei der Armutsbekämpfung verlangsamt oder sogar rückgängig gemacht.

Pandemien und Gesundheitskrisen: Die COVID-19-Pandemie hat die Weltwirtschaft schwer getroffen, Millionen von Menschen in Armut gestürzt und Fortschritte in Bereichen wie Bildung, Gesundheit und Gleichberechtigung zurückgeworfen.

7. Mangelnde internationale Kooperation

Unzureichende globale Zusammenarbeit: Obwohl die SDGs globale Ziele sind, gibt es oft unzureichende internationale Kooperation und Solidarität. Nationale Eigeninteressen, geopolitische Spannungen und Wettbewerb um Ressourcen behindern die gemeinsame Arbeit an globalen Herausforderungen.

Fehlende Verbindlichkeit: Die SDGs sind nicht rechtlich bindend, und es gibt keine globalen Durchsetzungsmechanismen. Dies führt dazu, dass viele Länder die Ziele nicht ernsthaft verfolgen oder nur unzureichende Maßnahmen ergreifen.

8. Technologische und infrastrukturelle Defizite

Infrastrukturmängel: In vielen Entwicklungsländern fehlen die notwendigen Infrastrukturen, um die SDGs zu erreichen. Dazu gehören unter anderem der Zugang zu Elektrizität, sauberem Wasser und sanitären Einrichtungen.

Technologische Kluft: Die ungleiche Verteilung von Technologien und Know-how erschwert es vielen Ländern, die Produktivität zu steigern und nachhaltige Entwicklung voranzutreiben.

Was muss auf unserer Agenda für die Jahre 2020 bis 2030 unbedingt stehen?

TOP 3: Wenn sich die 193 Mitgliedstaaten der UN nach langen Verhandlungen auf gemeinsame Ziele geeinigt haben, dann müsste man doch auch erwarten können, dass diese auch umgesetzt werden, oder? Leider ist das nicht so.

Die Untätigkeit, die der You-Tuber "Rezo" in seinem legendären Video "Die Zerstörung der CDU" zu Recht der Großen Koalition in Deutschland vorwirft, kann man genauso den Mitgliedstaaten der UN vorwerfen!

Sollten wir daher nicht endlich eine zentrale kompetente und machtvolle Welt-Institution ins Leben rufen, die untätigen Staaten "auf die Sprünge hilft"? Die UN kann es offensichtlich nicht.

Wer hat welchen Einfluss auf TOP 3?

	Einfluss gering	mittel	hoch	sehr hoch
Jeder Mensch		■		
Politiker eines Landes			■	
EU			■	
UN		■		
Global Player				■
Welt-Institution				

Dieser Top ist natürlich nur sehr schwer zu realisieren. Die UN wird kaum für eine Welt-Institution kämpfen, die über ihr angesiedelt wäre. Eine Chance würde bestehen, wenn sich die Global-Player dafür einsetzen würden.

Dass die Welt so etwas wie eine „Welt-Regierung" braucht sieht man an dem einfachen Beispiel der aktuellen „Fridays-for-Future"-Bewegung:

Haben Sie, liebe Leserin, lieber Leser, sich schon einmal überlegt, wie es weitergeht, wenn Fridays for Future (Deutschland) ihr Ziel erreicht haben und die Bundesregierung alles tut, um die Klimaziele (Paris-Abkommen) doch noch zu erreichen?

Wir alle werden dann erleben, dass Deutschland immer weniger CO2 ausstößt und bis 2050 vielleicht klimaneutral ist.

Aber auf der globalen Ebene werden wir sehen, dass der weltweite CO2-Ausstoß kaum zurückgegangen ist, weil die großen Emittenten wie China, Indien und die USA die Anstrengungen von Ländern wie Deutschland durch höheren Ausstoß kompensiert haben.

Sie werden möglicherweise erwidern: FfF ist nicht nur in Deutschland, sondern auch in vielen anderen Ländern aktiv.

Das ist richtig. Aber eben nicht in China und kaum in Indien und den USA.

Sie werden möglicherweise weiter erwidern: FfF hat auch schon vor der UN-Vollversammlung für den weltweiten Kampf gegen den Klimawandel geworben.

Auch das ist richtig. Aber was hat es gebracht? Nichts. Und warum? Weil auch die UN nicht die Macht hat, alle Staaten zu verpflichten, das zu tun, was eigentlich getan werden müsste.

Für mich gibt es nur eine Lösung: Wir brauchen eine kompetente und machtvolle Welt-Institution, die für alle Probleme mit der Globalisierung zuständig ist und die Staaten anweisen kann, das zu tun, was für das Fortbestehen der Menschheit erforderlich ist.

TOP 4: Der Trend, dass riesige Vermögen auf immer weniger Personen bzw. Unternehmen konzentriert werden, birgt die große Gefahr in sich, dass politische Entscheidungen nach und nach nicht mehr auf der Basis von demokratischen Prozessen getroffen werden, sondern sich nur noch an dem orientieren, was für die finanzielle Elite bzw. die marktstärksten Unternehmen wünschenswert ist.

Wenn wir das nicht wollen, sollten wir dann nicht jetzt umsteuern und darauf hinwirken, dass eine gerechtere Einkommens- und Vermögensverteilung erfolgt?

Das muss nicht gleich heißen, dass die großen Konzerne und Milliardäre enteignet werden, so wie der Juso-Vorsitzende Kevin Kühnert es vorgeschlagen hat. Unser aktuelles deutsches Finanzsystem kennt genügend bewährte Instrumente dafür:

Lohn- und Einkommensteuer, Gewerbesteuer, Umsatzsteuer, Mehrwertsteuer, Vermögenssteuer, Erbschafts- und Schenkungssteuer auf der einen Seite und Kindergeld und Hartz-4-Leistungen auf der anderen Seite.

In vielen anderen Ländern gibt es vergleichbare Hebel. Wir müssen diese "Umverteilungsinstrumente" nur so einsetzen, dass soziale Gerechtigkeit entsteht. Das wäre möglich, erfordert aber mutige Politiker, die sich auch mächtigen Konzernen die Stirn zu bieten trauen!

Zusätzlich brauchen wir eventuell noch einige neue Instrumente wie ein bedingungsloses Grundeinkommen, eine angemessene Grundrente, eine Transaktionssteuer und eine Digitalsteuer. All das können aber nur Politiker einführen, die Mut und Weitblick haben.

Wir Wähler sind daher gefordert, solche Ideen an die Politiker bei allen sich bietenden Gelegenheiten heranzutragen und bei der nächsten Wahl nur solchen Parteien unsere Stimme zu geben, die eine gerechtere Einkommens- und Vermögensverteilung anstreben und entsprechende Vorschläge in ihrem Parteiprogramm haben.

Wer hat welchen Einfluss auf TOP 4?

	Einfluss gering	mittel	hoch	sehr hoch
Jeder Mensch			■	
Politiker eines Landes			■	
EU			■	
UN			■	
Global Player	■			
Welt-Institution				■

Das ist wieder ein Top, für den wir alle kämpfen könnten. Wenn wir im Wahlkampf eine gerechtere Einkommens- und Vermögensverteilung einfordern und nur die Parteien wählen, die dies auch umsetzen wollen, muss die Politik irgendwann reagieren.

TOP 5: Den Idealzustand, dass alle Ressourcen, die unser Planet bietet, auf alle Länder gerecht verteilt sind, werden wir wohl nie erreichen.

Aber sollten wir es uns nicht als Ziel setzen, dass alle Nationen von dem, was die Erde uns bietet, künftig gerechter profitieren, auch wenn einzelne Völker das Pech haben, in unwirtlichen und an Bodenschätzen armen Gegenden zu leben?

Die als Folge der Erderwärmung auftretenden Flucht-/Wanderbewegungen werden Ländergrenzen sowieso irgendwann überflüssig machen. Wenn wir bereits jetzt Lösungen finden, um z.B. in den afrikanischen Ländern die Lebensbedingungen deutlich zu verbessern, können wir eventuell einen Teil der Flüchtlingsbewegung abfangen.

Wie gesagt, die klassische Entwicklungshilfe ist nicht die Lösung (unabhängig vom Problem, dass viele Fördergelder durch korrupte Regierungen unterschlagen werden). Wir brauchen echte Teilhabe der armen Staaten am Wohlstand der reichen Industrieländer.

Sollte dieser auf oder noch besser über UN-Ebene angesiedelte Finanzausgleich nicht organisiert werden?!

Wer hat welchen Einfluss auf TOP 5?

	Einfluss gering	mittel	hoch	sehr hoch
Jeder Mensch	■			
Politiker eines Landes		■		
EU		■		
UN			■	
Global Player		■		
Welt-Institution				■

Mit einem weltweiten Finanzausgleich ist selbst die UN überfordert. Nur ein supranationales Konsortium von Experten (Wissenschaftler, Finanzexperten, Mathematikern, Philosophen usw.) oder noch besser eine kompetente Welt-Institution hätte eine echte Chance. So eine Institution, die mächtiger als die UN ist, kann nur ins Leben gerufen werden, wenn sich viele dafür engagieren: Weitsichtige Politiker, einflussreiche Persönlichkeiten des öffentlichen Lebens, gut informierte und engagierte Bevölkerung, öffentliche Medien und Vorstände von großen Unternehmen. Was diese Entwicklung unterstützen wird, sind die negativen Auswirkungen der Globalisierung (wie z.B. die Erderwärmung). Manche Menschen werden erst aus Katastrophen lernen...

Bildung

Welchen Anforderungen müssen unsere Bildungssysteme in Zukunft entsprechen?

Derzeitige Situation

Das "Bildungssystem" der Weltbevölkerung beinhaltet zwei extreme Ausprägungen: 263 Millionen Kinder und Jugendliche weltweit gehen nicht zur Schule[19], andererseits gibt es zahlreiche Elite-Schulen/-Internate/-Universitäten, die für Schulgebühren von bis zu 40.000 US-Dollar pro Jahr eine erstklassige Bildung für die Reichen dieser Welt bieten.

Daneben wird aber nach Einschätzung des Erfolgsautors Robert Verkaik auch der Charakter der Absolventen geformt:

"Viele Schüler verlassen diese Schulen mit aufgepumpten Egos, einem unerschütterlichen Glauben an ihre eigenen Fähigkeiten und der Sehnsucht nach Erfolg.

---

[19] Quelle: UNESCO (https://www.unesco.de/bildung/bildungsagenda-2030/263-millionen-kinder-und-jugendliche-weltweit-gehen-nicht-zur-schule)

Aber dieses System der Selbst-Auswahl unserer Führer könnte einer Nation erheblich schaden, die versucht, mit einem bescheideneren Platz in der Welt zurechtzukommen[20]." (Zitat Ende)

Das Beispiel England mit seinen vielen Elite-Colleges (Eton, Charterhouse, Harrow, Merchant's Taylor usw.) und insgesamt rund 2500 britischen Privatschulen zeigt deutlich, dass dies negative Folgen für das ganze Land haben kann. Durch die erstklassige Ausbildung schaffen es überdurchschnittlich viele Absolventen in die Politik (u.a. David Cameron und Boris Johnson haben in Eton studiert) und selbst der Elite-freundliche "Economist", eine Wochenzeitung aus London mit den Schwerpunkten internationale Politik und Weltwirtschaft, kommt zu folgendem bedrückenden Ergebnis:

"Großbritannien wird von einer selbstbezogenen Clique regiert, die Gruppenzugehörigkeit über Kompetenz stellt und Selbstvertrauen über Sachverstand". (Zitat Ende)

Dadurch werden in solchen Ländern echte Sozialreformen, die eine Umverteilung des Einkommens und Vermögens von oben nach unten beinhalten, kaum eine Chance auf Umsetzung haben.

Probleme gibt es aber nicht nur in Großbritannien und den USA.

Das staatliche Schulsystem folgt in allen Ländern Grundsätzen, die lange vor der Digitalisierung erdacht wurden und für die damalige Zeit wohl auch passend waren:

Viel Wissen erwerben, d.h. viele Zahlen, Daten und Fakten auswendig lernen.

Dass das menschliche Gehirn nicht in der Lage ist, so große Informationsmengen dauerhaft abzuspeichern, wurde nicht als Problem gewertet.

---

[20] Quelle: Spiegel-Artikel vom 2.8.19 (https://www.spiegel.de/politik/britsches-elite-internat-eton-eine-politische-inzuchtanstalt-a-00000000-0002-0001-0000-000165218741)

Wichtig war, dass das Wissen bis zur nächsten Prüfung präsent war und man einen schriftlichen Leistungsnachweis (gute Note in Klausur bzw. Zeugnis) bekam.

Grundsätzlich will man zwar heute in eine andere Richtung steuern (Erwerb von Kompetenzen und weniger von Faktenwissen), aber oft bleibt das noch ein frommer Wunsch.

Die Schüler verlassen immer noch die Schule mit einem guten Abschluss in der Tasche, aber ohne viele der Kernkompetenzen, die sie im Arbeitsleben dringend brauchen.

Es gibt natürlich auch positive Ausnahmen, z.B. besondere Schulformen und innovative Ansätze durch besonders engagierte Schulleiter/innen und Lehrer/innen, aber die bestätigen leider nur die Regel.

Diese Zukunft erwartet unsere Kinder und Enkel

Nach übereinstimmenden Prognosen von Zukunftsforschern (und auch des Nürnberger IAB[21]) werden sich die weltweiten Arbeitsmärkte in den nächsten 20 Jahren drastisch verändern.

Im Jahr 2040 wird intelligente Software bzw. KI-Roboter der Menschheit einen großen Teil der Arbeit abgenommen haben.

Das wird zunächst alle Tätigkeiten betreffen, die relativ einfach automatisiert werden können (Lagerarbeiter/innen, Kassierer/innen, Bus-, Lkw- und Taxifahrer/innen usw.).

Gleichzeitig werden aber auch in anspruchsvollen Bereichen wie Versicherungs-, Finanz- und Bankfachwesen, Steuerberatung usw. KI-Computer menschliche Fachkräfte ergänzen und später ersetzen. Um hier vorzudenken, wurde in den Jahren 2009/2010 das "21st Century Skills Modell"[22] entwickelt.

---

[21] Quelle: Artikel in der "WELT" vom 16.02.2018 (https://www.welt.de/wirtschaft/article173642209/Jobverlust-Diese-Jobs-werden-als-erstes-durch-Roboter-ersetzt.html)
[22] Quelle: Bellanca & Brandt, 2010; Trilling & Faden, 2009

Es deckt vier Kompetenzfelder ab, die nach Auffassung der Autoren in der Arbeitswelt der Zukunft unverzichtbar sind:

- Kompetenter Umgang mit Medien, Technologien, Informationen und Daten.
- Virtuelle und persönliche Kommunikation und Kollaboration vor dem Hintergrund von Diversität (z.B. Interdisziplinarität, Interkulturalität, Alter).
- Kreative Problemlösung, Innovationsfähigkeit, Analytisches und Kritisches Denken.
- Flexibilität, Ambiguitätstoleranz (das ist die Fähigkeit, mehrdeutige Situationen und widersprüchliche Handlungsweisen zu ertragen), Eigenmotivation, Selbständiges Arbeiten.

Im Jahr 2011 wurden die 21st Century Skills noch einmal spezifiziert[23]. Daraus ergaben sich spannende Fähigkeiten wie u.a.:

- „Computational Thinking": Die Fähigkeit, eine große Menge an Daten in abstrakte Konzepte zu gießen und datenbasierte Logik zu verstehen.
- „Sense Making": Die Fähigkeit, eine tiefere Bedeutung oder Bedeutsamkeit aus Botschaften ableiten zu können.
- „Transdisciplinarity": Die Fähigkeit, Theorien und Ansätze aus unterschiedlichen Disziplinen zu begreifen.
- „Design Mindset": Die Fähigkeit, Aufgaben und Arbeitsabläufe entsprechend der gewünschten Ergebnisse zu gestalten.
- „Cognitive Load Management": Die Fähigkeit, die Wichtigkeit von Informationen zu erkennen und die eigene

---

[23] Quelle: Studie Future Work Skills 2020 des Institute for the Future in Zusammenarbeit mit dem University of Phoenix Research Institute

kognitive Leistungsfähigkeit mit entsprechenden Methoden und Techniken zu erhöhen.
- „Novel & Adaptive Thinking": Die Fähigkeit Lösungen und Antworten zu finden, die über Gewohntes und Regelkonformes hinausgehen (Davies, Fidler, & Gorbis, 2011).

Der Zukunftsforscher und Erfolgsautor Yuval Harari äußert sich zur Zukunft des Lernens wie folgt[24]:

"Niemand kann wirklich sagen, wie die Welt und der Arbeitsmarkt im Jahr 2040 aussehen werden, und insofern weiß auch niemand, welche spezifischen Fertigkeiten man jungen Menschen heute beibringen sollte. Wahrscheinlich wird ein Großteil dessen, was jemand heute in der Schule lernt, irrelevant sein, wenn er oder sie vierzig ist. Ich kann deshalb nur raten, sich auf mentale Resilienz und emotionale Intelligenz zu konzentrieren. Traditionellerweise war das Leben in zwei große Abschnitte unterteilt: in eine Zeit des Lernens, gefolgt von einer Zeit der Arbeit. Im ersten Teil des Lebens haben wir eine stabile Identität aufgebaut und uns persönliche und berufliche Fertigkeiten angeeignet; im zweiten Lebensabschnitt haben wir auf unsere bestehende Identität und die erworbenen Fähigkeiten vertraut, um durch die Welt zu kommen, unseren Lebensunterhalt zu verdienen und einen Beitrag zur Gesellschaft zu leisten. Im Jahr 2040 wird dieses Modell obsolet sein, und Menschen werden nur dann weiter im Spiel bleiben, wenn sie ihr ganzes Leben lang lernen und sich immer wieder neu erfinden". (Ende des Zitats)

---

[24] Quelle: Süddeutsche Zeitung vom 25.9.2017 (https://sz-magazin.sueddeutsche.de/leben-und-gesellschaft/yuval-noah-harari-interview-zukunft-84042)

Was muss auf unserer Agenda für die Jahre 2020 bis 2030 unbedingt stehen?

TOP 6: Die große Herausforderung besteht darin, dass wir es einerseits schaffen, Millionen von unterprivilegierten Menschen einen Zugang zu einer Grundbildung zu ermöglichen und andererseits dafür sorgen, dass künftig nicht nur eine kleine Oberschicht das Privileg hat, eine erstklassige Ausbildung zu genießen.

Ersteres könnte man dadurch erreichen, dass man den Etat für Bildung schrittweise erhöht. Zum Beispiel dadurch, dass man den Wehr- und Verteidigungsetat drei Jahre lang jedes Jahr um 10% reduziert und die freiwerdenden Mittel für Bildung einsetzt. Bereits nach wenigen Jahren könnte der Bildungsbedarf der Weltbevölkerung in einem nie gekannten Maße gedeckt werden!

Ein Beispiel:

In Deutschland umfasst das Haushaltsvolumen für das Jahr 2019 rund 357 Milliarden EURO. Davon sind rund 43 Milliarden für Verteidigung und nur rund 18 Milliarden für Bildung und Forschung vorgesehen. Daran sieht man deutlich, dass die deutsche Bundesregierung die falschen Prioritäten setzt.

Würde man die o.a. „10%-Regel" einführen, dann stünden nach drei Jahren fast 12 Milliarden EURO mehr für Bildung und Forschung zur Verfügung, d.h. der entsprechende Haushalt hätte sich um mehr als 60% erhöht! Und der Verteidigungshaushalt würde immer noch mehr als 31 Milliarden betragen und dadurch dominieren.

Das Problem der Elite-Schulen könnte man auch lösen. Eine Möglichkeit wäre z.B., die Studiengebühren abzuschaffen (auch keine Spenden zulassen) und Quoten für die Zulassung nach Bevölkerungsgruppen einzuführen.

Wer hat welchen Einfluss auf TOP 6?

	Einfluss gering	mittel	hoch	sehr hoch
Jeder Mensch	■			
Politiker eines Landes		■		
EU			■	
UN			■	
Global Player		■		
Welt-Institution				■

Die Einführung der „10%-Regel" könnte eigentlich jedes Land für sich machen, wäre da nicht das Problem, dass die Verteidigungshaushalte international „abgestimmt" werden müssen. Daher müsste dieses Thema auf EU- und UN-Ebene behandelt werden.

TOP 7: Die neue Arbeitswelt im Jahr 2040 liegt noch in ferner Zukunft. Wenn man aber bedenkt, dass der erste Jahrgang der Kinder, die dann nach Abschluss ihrer Ausbildung bzw. ihres Studiums mit KI-Robotern konkurrieren müssen, jetzt geboren wird und ab der Mitte der 20er-Jahre in die Schule gehen wird, erkennt man, dass wir jetzt schon handeln müssen…

Wir brauchen dringend neue Konzepte für Grundschulen, Mittel-/Realschulen und Gymnasien und spätestens bis Mitte der 30er-Jahre auch für Hochschulen.

Von zentraler Bedeutung ist hierbei, dass wir nicht mehr den Fehler machen, die bei vielen Schülern vorhandenen Anlagen zu projektorientierter Arbeit verkümmern zu lassen und durch linear vorgehende "Prozessroboter" zu ersetzen.

Renommierte Forscher wie Ansgar Oberholz sind überzeugt, dass wir kreative, fehlertolerante Menschen brauchen, die in der Lage sind, Situationen schnell und lösungsorientiert zu erfassen und in alle Richtungen und Systeme zu denken.

Geld und Karriere werden hierbei nicht mehr die maßgebenden Triebfedern sein: Es wird um Wohlbefinden und Nachhaltigkeit gehen.

In der neuen "VUCA-Arbeitswelt", in der Volatilität, Unsicherheit, Komplexität (Complexitivity) und Ambivalenz herrschen, wird es keine festen Regeln, keine Gewissheiten und klar zu erkennende Zusammenhänge mehr geben[25].

Wer hat welchen Einfluss auf TOP 7?

	Einfluss gering	mittel	hoch	sehr hoch
Jeder Mensch	■			
Politiker eines Landes		■		
EU			■	
UN			■	
Global Player		■		
Welt-Institution				■

Diese neuen Konzepte könnten natürlich in jedem Land erarbeitet werden. Besser wäre es aber, wenn das Rad nicht in jedem Land neu erfunden wird, sondern eine EU-weite oder noch besser weltweite Bildungsstrategie entwickelt wird.

TOP 8: Das ist aber nur die eine Seite der Medaille:
Wir brauchen auch Lehrerinnen und Lehrer, die in der Lage sind, unter den drastisch geänderten Bedingungen einen kompetenzorientierten Unterricht zu gestalten. Es wird dann nicht mehr darum gehen, Kindern Wissen zu vermitteln. Zahlen, Daten und Fakten werden ihnen über ihr Tablet, das sie bis dahin wahrscheinlich mit Gedanken steuern können, in Sekundenschnelle zur Verfügung stehen.

---

[25] Quelle: Artikel im dbb-Magazin vom Juni 2019: re:publica 2019: Aus- und Ansichten zur Arbeit der Zukunft

Später wird das Tablet dann von einem Chip, der implantiert ist, abgelöst.

Der Lehrer kann sich anspruchsvolleren Aufgaben widmen. Er zeigt ihnen natürlich weiterhin, wie man lernt, aber er trainiert mit ihnen zusätzlich laufend an immer neuen praktischen Beispielen die Kernkompetenzen, die sie im Arbeitsleben der 40er-Jahre brauchen: Kreativität, vernetztes Denken, Teamfähigkeit, Intuition, Empathie und ähnliches ...

Wer hat welchen Einfluss auf TOP 8?

	Einfluss gering	mittel	hoch	sehr hoch
Jeder Mensch	■			
Politiker eines Landes			■	
EU				■
UN			■	
Global Player		■		
Welt-Institution			■	

Auch diese neuen Konzepte für die Ausbildung von Lehrer/innen könnten natürlich in jedem Land erarbeitet werden. Aber besser wäre auch hier eine EU-weite Bildungsstrategie.

TOP 9: Gleiches gilt für Fortbildungen während des Arbeitslebens. Auch hier wird es kaum mehr um die Vermittlung von weiterem Fachwissen gehen (das bringen die KI-Roboter mit ein), sondern auch hier werden Aspekte wie Kreativität, vernetztes Denken, Teamfähigkeit und Empathie, ergänzt um (sozial)unternehmerisches Denken im Vordergrund stehen.

Die innerbetrieblichen Fortbildungseinrichtungen und die Bildungsträger des freien Marktes stehen vor großen Herausforderungen. Sollten sie sich nicht jetzt schon auf diese Zukunft einstellen?

Sicher, bei diesem Punkt kommt sofort der Einwand, dass theoretisch jedes Unternehmen mit jedem anderen im Wettbewerb steht. Das ist grundsätzlich richtig, aber ab der Mitte des 21. Jahrhunderts wird es weniger um die Wettbewerbsfähigkeit der Unternehmen gehen, sondern mehr darum, wie unsere Gesellschaft weiterhin am Arbeitsleben teilnehmen kann.

Wer hat welchen Einfluss auf TOP 9?

	Einfluss gering	mittel	hoch	sehr hoch
Jeder Mensch	■			
Politiker eines Landes			■	
EU				■
UN			■	
Global Player			■	
Welt-Institution			■	

Auch diese neuen Fortbildungskonzepte könnten natürlich von jedem Arbeitgeber isoliert erarbeitet werden. Aber wäre hier nicht auch eine Landesweite oder EU-weite Fortbildungsstrategie besser?

TOP 10: Besonders wichtig erscheint mir, dass wir allen Kindern auf der Erde schon in der Schule zeigen, dass sie weit mehr als ihre Eltern in einer globalen vernetzten Welt leben (müssen).
Je früher und nachhaltiger die Lehrerinnen und Lehrer es schaffen, ein ggf. vorhandenes nationales egoistisches Denken durch eine weltoffene Einstellung zu ersetzen, umso größer ist die Wahrscheinlichkeit, dass sich diese Kinder als Erwachsene den globalen Herausforderungen stellen und sie auch erfolgreich meistern werden.
Fördern kann man das zum Beispiel, indem man neue Schulfächer wie "Leben in der Globalisierung" einführt und bewährte Projekte

wie den länderübergreifenden Schüleraustausch ausweitet, damit tatsächlich jede Schülerin und jeder Schüler in den reichen Industrieländern vor Ort erlebt, unter welchen Bedingungen andere Menschen leben müssen.

Hier sind aber auch die Eltern gefordert. Jeder Erziehungsberechtigte kann mit gutem Beispiel vorangehen und seinen Kindern vorleben, wie man positiv mit der Globalisierung umgehen kann.

Wer hat welchen Einfluss auf TOP 10?

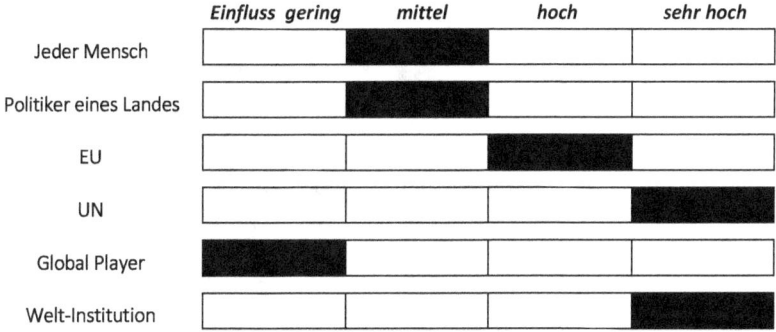

Die Einführung eines neuen Schulfachs wie "Leben in der Globalisierung" könnten durch jedes Land erfolgen. Aber um global etwas zu bewirken brauchen wir auch hier eine EU-weite oder noch besser weltweite Strategie.

Arbeit und Freizeit

Künstliche Intelligenz (KI) und Big Data
als Chance oder Bedrohung für die Arbeitswelt?

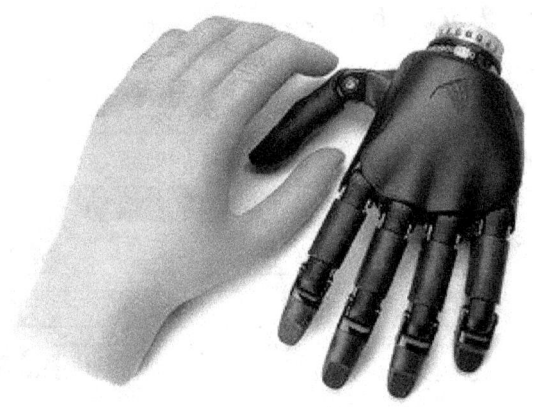

Derzeitige Situation

Künstliche Intelligenz (KI bzw. AI)

KI/AI ist seit einiger Zeit in aller Munde und hat offenbar den Begriff "Digitalisierung" abgelöst. Gemeint ist damit, dass Computer oder Roboter etwas, das man bei einem Menschen als "intelligent" bezeichnen würde, selbständig tun. Also ohne dass es ihnen ein Programmierer vorgegeben hat. Bei dieser Definition wird sehr schnell klar, dass wir im täglichen Leben davon noch sehr weit entfernt sind. Kein handelsüblicher PC egal mit welcher Software und kein käuflicher Roboter kann dies auch nur annähernd erfüllen.

Selbst der IBM-Supercomputer "Watson", lange Zeit als Inbegriff von KI verehrt, zeigt im Alltagsbetrieb Schwächen.

Mehrere Kliniken setzten große Hoffnungen auf ihn, wurden aber enttäuscht[26].

Ein aktuelles Beispiel dafür, was Unternehmen tun, um den digitalen Wandel gut zu überstehen und am besten noch mitzugestalten, ist das deutsche "Digital Capability Center" (DCC) in Aachen. Wissenschaftler der Hochschule können ihre Forschungsergebnisse im DCC einem Praxistest unterziehen. Das DCC füllt eine Marktlücke: 91 Prozent der deutschen Unternehmer sehen die digitale Transformation als Chance, das hat eine Studie von McKinsey ergeben, aber nur sechs von zehn Befragten fühlen sich darauf gut vorbereitet. Die Nachfrage ist auch anderswo in der Welt ähnlich groß: Weitere Lernfabriken wie das DCC entstehen gerade auch in Italien, in den USA, in China und in Singapur[27].

Big Data

Der aus dem englischen Sprachraum stammende Begriff "Big Data" bezeichnet laut Wikipedia Datenmengen, welche beispielsweise zu groß, zu komplex, zu schnelllebig oder zu schwach strukturiert sind, um sie mit manuellen und herkömmlichen Methoden der Datenverarbeitung auszuwerten.

Big Data spielt im Bereich der Kundenanalyse und des darauf aufbauenden Marketings/der Werbung eine große Rolle. Wo früher das Knowhow der Beschäftigten, die Produktion und die Tradition das Kapital eines Unternehmens waren, sind es heute bei vielen erfolgreichen Unternehmen die Kundendaten.

---

[26] Quelle: FAZ vom 03.06.2018 (https://www.faz.net/aktuell/wirtschaft/kuenstliche-intelligenz/computer-watson-scheitert-zu-oft-bei-datenanalyse-15619989.html)

[27] Quelle: https://www.zeit.de/campus/2017/06/digitalisierung-fabrik-zukunft-aachen

Facebook, Google, Amazon und Co. bieten daher viele Services kostenlos an, nur um an die Daten von potentiellen Kunden zu kommen.

Diese Zukunft erwartet unsere Kinder und Enkel

Der Zukunftsforscher und Erfolgsautor Yuval Harari hat zu KI und Big Data eine differenzierte Meinung:

"Der Aufstieg künstlicher Intelligenz macht Daten zur wichtigsten Ressource unserer Zeit. Im 21. Jahrhundert werden Daten sowohl Land als auch Maschinen in den Schatten stellen, und die Politik wird darum kämpfen, wer den Datenstrom kontrolliert". (Auszug Ende)

ZEIT-online[28] sieht gravierende Auswirkungen von KI auf Personalentscheidungen:

"Die neue Wissenschaft der "Person Analytics" wird früher oder später Einzug in die Unternehmen halten. Hier werden Prognosen über den Erfolg von Mitarbeitern oder Bewerbern im Unternehmen auf Basis der verfügbaren Informationen (Projekte, Feedback aus der Crowd, Ergebnisse bei Online-Spielen, absolvierte MOOC's etc.) generiert und so wichtige Entscheidungen wie etwa Einstellung und Beförderung automatisiert". (Zitat Ende)

Der Zukunftsforscher Janzsky prophezeit, dass die Menschheit in naher Zukunft intelligenten Assistenten (z.B. KI-Finanzsoftware) mehr vertrauen wird, als Menschen.

Der deutsche Philosoph Richard David Precht sieht in KI mehr Risiken als Chancen. Er befürchtet, dass die Weiterentwicklung der KI ein Heer von Arbeitslosen erzeugen wird. Es würden zwar unzweifelhaft neue Berufe/Tätigkeiten entstehen, aber diese seien

---

[28] Quelle: https://www.zeit.de/karriere/beruf/2014-09/datenschutz-zukunft-arbeitnehmer

nur zu einem kleinen Teil mit den Menschen, deren Jobs wegfallen, besetzbar. Gleichzeitig meint er aber, dass man das mit einem bedingungslosen Grundeinkommen für alle Erwachsenen in angemessener Höhe (ca. 1500.- EURO) in den Griff bekommen kann. Finanzieren könnte man das z.B. durch eine Maschinensteuer.

Das klingt im ersten Moment plausibel, aber ein bedingungsloses Grundeinkommen wird allerdings von den meisten deutschen Politikern und Arbeitsmarktexperten (u.a. auch vom Nürnberger IAB) als unfinanzierbar und nicht erstrebenswert beurteilt.

Die Meinungen gehen daher stark auseinander...

Einig sind sich Experten, dass dem deutschen Arbeitsmarkt des Jahres 2025 6,5 Millionen Arbeitskräfte weniger zur Verfügung stehen werden als heute, denn die Baby-Boomer-Generation geht in Rente und Geburtenschwache Jahrgänge kommen nach.

Erst ab 2045 werde die KI sehr viele Jobs übernehmen. Sie werden sehr viele Aufgaben übernehmen, für die man Wissen braucht (Ärzte, Forscher, Experten, Berater usw.). Im Gegenzug werde der Bedarf nach Coaches, die Unternehmen permanent begleiten, extrem steigen.

KI soll im Rahmen von "Industrie 4.0" auch industrielle Produktionsprozesse revolutionieren: Industrie 4.0 bedeutet, dass alle Maschinen per Computersystem miteinander vernetzt sind. Dadurch soll die Produktion einfacher werden, effizienter und billiger. Die Hoffnungen, die Wirtschaft und Politik in diese Entwicklung setzen, sind riesig: Der Verein Deutscher Ingenieure erwartet von der Industrie 4.0 ein "wirtschaftliches Wachstumspotenzial in Milliardenhöhe".

Weitestgehend einig sind sich die Zukunftsforscher auch darüber, dass wir folgendes in den nächsten zwei Jahrzehnten erleben werden:

- Computer werden durch Gedanken gesteuert.
- Quantencomputer ersetzen den "normalen" Computer.
- Autonomes Fahren wird in den Städten (zunächst auf Fahrspuren und dann autonom) normal werden.
- "Selbstfahrer" werden bei Versicherungen einen teuren Tarif wählen müssen.
- Besitz wird an Wert verlieren, vorübergehende Nutzung von Waren tritt in den Vordergrund.
- Menschliche "Ersatzteile" werden im Drucker hergestellt.
- "Ambient-Computing" wird kommen, d.h. KI wird uns ständig analysieren und uns "die Wünsche von den Augen ablesen".

Der bekannte Geschichtswissenschaftler Niall Ferguson warnte in einem Stern-Artikel[29] davor, dass verbale Gewalt in den sozialen Netzwerken in echte Gewalt umschlagen wird. Dies werde zu Bürgerkriegen in großem Umfang führen.

Der Zukunftsforscher und Historiker Yuval Noah Harari geht noch wesentlich weiter: Nach seiner Meinung wird im 21. Jahrhundert der "Dataismus" den Humanismus ablösen. Die Menschheit wird sozialen Netzwerken wie Facebook, Twitter, Google und Co. immer mehr ihrer persönlichen Daten anvertrauen. Die Algorithmen werden uns nicht nur Hilfestellung bei allen Entscheidungen in unserer Freizeit geben, sondern unser ganzes Leben beeinflussen. Sie werden uns besser kennen als wir uns selbst und irgendwann auch alle Entscheidungen für uns treffen. Big Data könnte durchaus zur Entstehung digitaler Diktaturen führen.

Solche Systeme könnten die Menschen mit beispielloser Effizienz kontrollieren und manipulieren. Seine Visionen beschreibt Yuval Noah Harari in seinem lesenswerten Buch "HOMO DEUS".

---

[29] Quelle: Artikel im "Stern" vom 05.01.2019 (https://www.stern.de/panorama/gesellschaft/historiker-niall-ferguson-warnt-vor-der-macht-von-facebook-8516602.html)

Seine horrormäßige finale Vision lautet:
"Wir streben danach, das Internet aller Dinge zu entwickeln, weil wir hoffen, dass es uns gesund, glücklich und mächtig macht. Doch sobald es existiert und funktioniert, könnten wir von Entwicklern zu Mikrochips und dann zu Daten schrumpfen und uns am Ende im Datenstrom auflösen wie ein Klumpen Erde in einem reißenden Fluss". (Zitat Ende)

Was hat die Staatengemeinschaft versäumt bzw. falsch gemacht?

Sowohl die EU als auch die UN haben die Entwicklung von Big Data falsch eingeschätzt. Sie haben es versäumt, von Anfang an Regeln aufzustellen, wie sorgsam mit Kundendaten umgegangen werden muss. Jetzt versucht man, das Versäumte nachzuholen, aber der Zug ist schon im Rollen und kaum mehr aufzuhalten, weil auch die Verbraucher jahrelang "eingelullt" wurden und die Gefahren eines Datenmissbrauchs überhaupt nicht erkannt haben. Liebe Leserin, lieber Leser, seien Sie mal ehrlich: Lesen Sie die Datenschutzbestimmungen, bevor Sie eine neue App herunterladen oder ein neues Programm installieren?

Was muss auf unserer Agenda für die Jahre 2020 bis 2030 unbedingt stehen?

TOP 11: Der deutsche Zukunftswissenschaftler Horst W. Opaschowski fordert die Jugendlichen weltweit zur "digitalen Diät" auf. Sie sollten sich zeitweilig aus sozialen Netzwerken ausklinken und wieder selbst über ihre Zeit bestimmen, z.B. echte Kontakte pflegen. Facebook und Co. werden dadurch auf eine Stufe mit Alkoholismus und Drogenabhängigkeit gestellt.

Das mag manchem übertrieben erscheinen, aber es ist meines Erachtens nicht unwahrscheinlich, dass wir Mitte der 20er-Jahre die übermäßige Smartphone-Nutzung als anerkannte Krankheit haben werden.

Sollten wir den zunächst unrealistisch anmutenden Vorschlag des Zukunftswissenschaftlers daher nicht alle aufgreifen und uns selbst zeitweise eine "digitale Diät" verordnen, so wie es viele Menschen z.B. in der jährlichen Fastenzeit mit Alkohol machen?" Wie wäre es mit einem Tag in jeder Woche, an dem wir unsere Facebook-/Twitter-/Instagram-Aktivitäten ruhen lassen? Das würde jede Mende Strom sparen und den Tech-Giganten zeigen, dass wir nicht von ihnen abhängig sind. Wenn sich alle Nutzer auf einen Tag (z.B. den Montag) einigen würden, könnte man sogar messen, was die „digitale Diät" konkret bringt.

Wer hat welchen Einfluss auf TOP 11?

	Einfluss gering	mittel	hoch	sehr hoch
Jeder Mensch				■
Politiker eines Landes		■		
EU		■		
UN		■		
Global Player	■			
Welt-Institution		■		

Das ist ein klassischer Top, bei dem wir keine Unterstützung von Politikern, EU, UN usw. brauchen, sondern alle selbst aktiv werden können.

TOP 12: Der Ruf nach gesetzlichen Beschränkungen für Facebook und Co. wird immer lauter. Allerdings ist eine staatliche Regulierung sehr schwierig. Die Techfirmen gehören zu den größten und wertvollsten Unternehmen der Welt. In Washington haben sie starke Lobbygruppen, die Millionen von Dollar ausgeben, um eine Regulierung zu verhindern.

Realistischer erscheint mir die Idee des britischen Historikers und Harvard-Professors Niall Ferguson, dass Facebook, Google und Twitter für die Verbreitung von Extremismus und Fake News strafrechtlich und finanziell haftbar gemacht werden. Dadurch würde die Macht der "Datenkraken" abnehmen. Sollten wir nicht in diese Richtung denken und diese Forderung an unsere Regierung über die örtlichen Abgeordneten richten?!

Natürlich sollte es nicht so unkontrolliert laufen, wie es sich der „Wut-Präsident" Donald Trump vorstellt: Er hat im Mai 2020 gedroht, alle sozialen Netzwerke zu schließen.

Wer hat welchen Einfluss auf TOP 12?

	Einfluss gering	mittel	hoch	sehr hoch
Jeder Mensch		■		
Politiker eines Landes		■		
EU			■	
UN			■	
Global Player	■			
Welt-Institution				■

Das ist wieder ein Top, bei dem wir Alle als mündige Bürger/innen gefordert sind. Wenn wir unsere Politiker beständig auffordern, die Idee von Niall Ferguson zu unterstützen, haben wir auch gegen Tech-Giganten eine Chance.

TOP 13: KI kann entweder Fluch oder Segen sein. Schon jetzt am Beginn des "KI-Zeitalters" räumen IT-Spezialisten ein, dass sie teilweise selbst nicht mehr verstehen, auf welcher Basis die von ihnen programmierten Algorithmen Entscheidungen treffen.

Warum entwickeln wir die KI daher nicht auch global, damit die Gefahr minimiert wird, dass die KI den Menschen beherrscht und nicht umgekehrt? Die KI ist mit Sicherheizt kein nationales Thema, sondern wird unsere ganze Welt verändern. Sollten wir daher nicht die Flucht nach vorne antreten, nationale Interessen überwinden und die KI mit einem globalen Team von IT-Spezialisten und Wissenschaftlern vorantreiben?

Dann wird auch die Gefahr minimiert, dass die Forschungsergebnisse nur einzelnen Ländern zugutekommen.

Wer hat welchen Einfluss auf TOP 13?

	Einfluss gering	mittel	hoch	sehr hoch
Jeder Mensch	■			
Politiker eines Landes		■		
EU			■	
UN			■	
Global Player			■	
Welt-Institution				■

Natürlich kann KI auch national entwickelt werden. Aber Effektiv und Effizient ist das nicht. Ein supranationales Konsortium von IT-Spezialisten und Wissenschaftlern wäre in diesem Fall die richtige „Welt-Institution", um KI global entwickeln zu lassen.

Energieverbrauch

Wie wird sich unser ungebremster Energiehunger auswirken?

Derzeitige Situation

Bereits im Jahr 1980 gab das renommierte "Ökoinstitut"[30] ein Buch mit dem Titel „Energiewende – Wachstum und Wohlstand ohne Erdöl und Uran" heraus. Es widersprach schon damals der weit verbreiteten These, Wirtschaftswachstum müsse mit einem höheren Energieverbrauch und der Ausbeutung fossiler Rohstoffe einhergehen. Nach damaliger Einschätzung der Experten müsse man dem wachsenden Energiebedarf mit verstärktem Einsatz regenerativer Energiequellen und einer effizienteren Nutzung fossiler Energieträger begegnen. Diese Erkenntnis wurde vor fast 40 Jahren gewonnen und ist auch heute noch gültig. Aber hat sich unsere grundsätzliche Denkweise seitdem geändert? Kaum!

---

[30] Vgl. Homepage des Ökoinstituts (https://www.oeko.de/)

Ein Beispiel:

Die Anzahl der Pkw, die auf unserem Planeten betrieben werden, hat sich in der Zeit von 1950 bis 2018 verzehnfacht, obwohl sich die Bevölkerung nur verdreifacht hat. Der Auto-Boom hat sich vor allem in den Industrieländern vollzogen. Überwiegend wurden Autos mit Verbrennungsmotoren (Diesel oder Benzin) entwickelt. Erst durch den immer mehr gestiegenen globalen CO_2-Ausstoß und die negativen Folgen für die Erderwärmung haben wir erkannt, welchen Schaden dieser einseitige Entwicklungspfad angerichtet hat.

Derzeit zeichnet sich ab, dass die Automobilindustrie weltweit den Fehler macht, sich für die Zukunft nur auf E-Mobilität zu konzentrieren. Genauso wie man in den Jahrzehnten davor primär nur Verbrennungsmotoren entwickelte, fokussiert man sich nur auf Elektroantriebe. Über die Problematik, dass die Kernstücke der E-Autos, die extrem leistungsfähigen Batterien, bei Herstellung und Entsorgungen auch eine extreme Umweltbelastung darstellen, hüllt man das Mäntelchen des Schweigens, das findet man in keinem Werbeprospekt.

Und was zusätzlich fatal ist: Entwicklungen wie synthetische Kraftstoffe[31], mit denen die Verbrennungsmotoren umweltfreundlich betrieben werden können, werden ebenso kaum vorangetrieben wie alternative Antriebe durch Wasserstoff, Erdgas, Flüssiggas o.ä.

Wir laufen daher Gefahr, uns in 20 Jahren wieder in einer Sackgasse zu befinden.

---

[31] Vgl. Wikipedia (https://de.wikipedia.org/wiki/Synthetischer_Kraftstoff) Stand Dezember 2020

Ein zweites Beispiel:
Der "Energiehunger" hat in den letzten 40 Jahren nahezu alle Länder befallen, aber den größten Energiebedarf pro Kopf haben die Industrieländer. Einer der Gründe dafür ist etwas Gravierendes, das sich in den letzten 20 Jahren ereignet hat: Durch die fortschreitende Digitalisierung ist mit dem Internet ein ganz neuer Energieverbraucher in Erscheinung getreten. Die gigantischen Rechenzentren mit ihren Servern werden täglich 24 Stunden betrieben.
Im Jahr 2018 waren über 4 Milliarden[32] Menschen "online" und jetzt sind es schon über 5 Milliarden. Der durchschnittliche Nutzer sozialer Medien verbringt nun 2 Stunden und 23 Minuten pro Tag auf seinen bevorzugten sozialen Plattformen und betreibt Aktivitäten von Einkäufen über Kontaktaufnahmen, Unterhaltung bis hin zur Suche nach Informationen über Marken[33].
Wäre das Internet ein Land, hätte es nach einer Studie von Greenpeace den weltweit sechstgrößten Stromverbrauch.
Aber haben wir parallel zum Aufbau des Internets auch die regenerativen Energien ausgebaut?

Ein drittes Beispiel:
Eine wandelnde "Energie-Zeitbombe" sind auch Kryptowährungen wie "Bitcoin". Eine aktuelle Studie der Universität von Hawaii kommt zu einem erschreckenden Ergebnis: Ein erheblicher Teil der Klimaerwärmung geht auf das Konto des Bitcoin-Netzwerks:
„Bitcoin ist eine energiehungrige Kryptowährung, die immer häufiger als Investitions- oder Zahl-System genutzt wird. Wenn sie sich wie andere Technologien weitgehend durchsetzt, kann das

---

[32] Quelle: Global Digital Report 2018 von We Are Social und Hootsuite (https://wearesocial.com/de/blog/2018/01/global-digital-report-2018)

[33] Quelle: Global Digital Report 2024 von We Are Social und Hootsuite (https://wearesocial.com/de/blog/2024/01/digital-2024/)

Bitcoin-Netzwerk alleine so viel CO2 freisetzen, dass die Klimaerwärmung innerhalb von drei Jahrzehnten über zwei Grad ansteigt."[34]

Das Ansteigen des globalen Energiebedarfs ist natürlich auch dadurch erklärbar, dass sich die Weltbevölkerung stetig erhöht. Aber müssten wir daraus nicht seit Jahrzehnten den Schluss ziehen, dass wir dies kompensieren müssen, indem wir in entsprechendem Umfang den Anteil der regenerativen Energien erhöhen?

Ich finde, es ist frustrierend, dass derzeit immer noch rund 85 % des weltweiten Energiebedarfs durch fossile Energieträger gedeckt werden und eine deutliche Abkehr von z.B. Kohle nicht in Sicht ist[35].

Diese Zukunft erwartet unsere Kinder und Enkel

In ihrem Welt-Energie-Ausblick (World Energy Outlook) aus dem Jahr 2014 prognostiziert die Internationale Energieagentur (IEA)[36] bis zum Jahr 2040 folgendes:
- o Der weltweite Energiebedarf wird um 37 Prozent steigen.
- o Das Wachstum der weltweiten Nachfrage wird bis zum Jahr 2040 deutlich abnehmen. Grund dafür sind politische Wirkungen und strukturelle Verschiebungen der globalen Wirtschaft.
- o Die Energieversorgung der Welt im Jahr 2040 wird aus vier etwa gleich großen Teilen bestehen: Öl, Gas, Kohle und kohlenstoffarme Quellen.

---

[34] Quelle: Deutschlandfunk 22.01.2019 http://www.bund-rvso.de/bitcoin-strom-energie-verbrauch-umwelt-gier.html)

[35] Quelle: Wikipedia (https://de.wikipedia.org/wiki/Weltenergiebedarf#cite_note-3) Stand Dezember 2020

[36] Quelle: IEA (https://www.energieforschung-iea.de/)

Bis zum Jahr 2060 wird eine Bedarfssteigerung an Primärenergie um etwa das Doppelte des aktuellen Wertes prognostiziert.

Diese Prognosen werden aufgrund der Erwartungen gestellt, dass sich bis dahin der Lebensstandard in aufstrebenden Entwicklungs- und Schwellenländern dem Niveau in den westlichen Industrienationen angeglichen haben wird.

Viele der neuen Mittelschichtler in Afrika, Indien und China wollen ein Auto besitzen – die Unternehmensberatung McKinsey schätzt, dass die Zahl der Autos weltweit sich bis 2030 verdoppeln wird.

Erst Mitte der 20er-Jahre wird man schmerzlich erfahren, dass die einseitige Strategie der Fokussierung auf E-Mobilität langfristig gesehen gravierende Nachteile hat:

Die deutliche Zunahme von E-Autos wird dazu führen, dass der Strombedarf immens steigt. Gleiches gilt für das autonome Fahren. Für das vollständig autonome Fahren müssen die Fahrzeuge zu Hochleistungscomputern werden. Daneben muss natürlich auch die Infrastruktur (Straßen, Ampeln usw.) entsprechend hochgerüstet und digital vernetzt werden, denn schließlich müssen dann die Autos mit der Infrastruktur kommunizieren.

Ein gigantischer und aus der derzeitigen Sicht noch absolut unkalkulierbarer Stromverbrauch wird die Folge sein.

Da aber nicht im gleichen Umfang die regenerativen Stromquellen (Sonnen-, Wind- und Wasserenergie) ausgebaut werden können, werden die E-Autos überwiegend durch Kohle- und Gaskraftwerke gespeist. Die Umweltbilanz ist dadurch kritisch und der erhoffte drastische Rückgang des insgesamten CO_2-Ausstoßes wird ausbleiben. Die Beschaffung der für die Produktion von Elektromotoren unbedingt erforderlichen "seltenen Erden" wird immer schwieriger werden[37]. Für die Lösung des globalen Energieproblems gibt es grundsätzlich nur zwei Möglichkeiten: Neue Energiequellen erschließen oder Energie sparen.

Was muss auf unserer Agenda für die Jahre 2020 bis 2030 unbedingt stehen?

TOP 14: E-Mobilität für den Straßenverkehr ist seit dem vom deutschen Vorzeigeunternehmen VW ausgelösten "Diesel-Skandal" als nachhaltige Mobilitätsalternative in aller Munde und wird von großen Automobilunternehmen und offenbar auch von den Regierungen als gute Lösung angesehen. Das ist aber leider ein Trugschluss. Wenn man sich ansieht, wie hoch der Energieaufwand für die Produktion und Entsorgung der Akkus ist und welche Schäden an Mensch und Umwelt dabei verursacht werden, kann man E-Autos bestenfalls als Übergangslösung akzeptieren.

Sollte daher nicht das Know-how der weltweit besten Ingenieure und Wissenschaftler gebündelt werden, um eine umweltfreundlichere Alternative zum Verbrennungsmotor oder umweltfreundlichere Treibstoffe zu entwickeln?

Ansätze gibt es, aber leider nicht aus Deutschland, dem Land mit der ehemals am höchsten entwickelten Autoindustrie. Der japanische Automobilgigant Toyota setzt (wieder einmal) Maßstäbe und hat Autos mit umweltfreundlichem Wasserstoffantrieb zur Serienreife entwickelt. Derzeit sind sie noch relativ teuer, aber das würde sich mit größeren Produktionszahlen schnell ändern. Die deutsche Regierung rückt zwar Wasserstoff neuerdings ins Zentrum ihrer Pläne für Energiewende und Klimaschutz, wie ein Strategiepapier aus dem Bundeswirtschaftsministerium belegt.

---

[37] Quelle: Pressetext.com (https://www.pressetext.com/news/seltene-erden-verteuern-elektromotoren.html)

Aber Deutschland spielt bei diesem Thema leider keine führende Rolle.

Wäre es daher nicht sinnvoll, wenn die UN globalisierte Entwicklungsteams empfehlen und fördern würde? Die für die Entwicklung von zukunftsträchtigen Modellen verfügbaren Geldmittel wären dadurch ungleich höher, als wenn jedes Land versucht, das Rad neu zu erfinden.

Wer hat welchen Einfluss auf TOP 14?

	Einfluss gering	mittel	hoch	sehr hoch
Jeder Mensch	■			
Politiker eines Landes		■		
EU		■		
UN			■	
Global Player			■	
Welt-Institution				■

Auch in diesem Fall wäre doch ein supranationales Konsortium die richtige „Welt-Institution", um eine umweltfreundlichere Alternative zum Verbrennungsmotor oder umweltfreundlichere Treibstoffe entwickeln zu lassen, oder?!

TOP 15: Energiesparen war lange Zeit groß in Mode, aber wie bei jeder Modeerscheinung ist das Interesse bei der Bevölkerung weltweit wieder zurückgegangen. Die Unternehmen sind zwar rein aus Kostengründen laufend daran interessiert, Energie zu sparen, aber die Entwicklung im IT-Bereich (Internet, Kryptowährung) zeigt, dass zwar im Kleinen gespart wird, aber an die wirklich großen Verbraucher keiner rangeht.

Ein weiteres Beispiel: Kaum jemand macht sich Gedanken, welche gigantischen Datenströme fließen werden, wenn irgendwann das "autonome Fahren" flächendeckend eingeführt wird. Ähnlich wie beim Internet wird ein gigantischer Energieverbrauch die Folge sein.

Sollte die Staatengemeinschaft daher nicht vor der Einführung von Entwicklungen wie Kryptowährung oder flächendeckendem autonomen Fahren hochrechnen, ob dies überhaupt mit den im Hinblick auf die Begrenzung der Erderwärmung verbundenen Restriktionen sinnvoll möglich ist?

Relativ wenig beachtet aus CO2-Sicht wird auch die Entwicklung im „Gamer-Bereich". Videospiele hinterlassen einen gewaltigen ökologischen Fußabdruck. Eine Studie der französischen Denkfabrik „The Shift Project"[38] kam zu dem Ergebnis, dass alleine US-Gamer jedes Jahr 34 Terrawattstunden Energie verbrauchen. Das entspricht in etwa dem CO2-Verbrauch von 5 Millionen Autos. Angesichts des Wachstums, das Analysten der Computerspielbranche vorhersagen, wird das zum riesigen Problem.

Wer hat welchen Einfluss auf TOP 15?

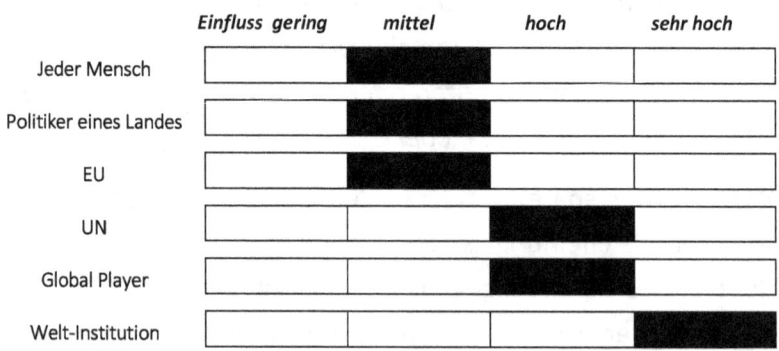

Jeder von uns kann natürlich seinen (kleinen) Teil zur Entschärfung des Problems beitragen, wenn er energieintensive „moderne" Entwicklungen einfach nicht mitmacht. Aber das ist wie der berühmte Tropfen auf den heiOßen Stein.

---

[38] Quelle: https://theshiftproject.org/en/home/

Bei diesem Top wäre es von Vorteil, wenn die Weltgemeinschaft auf die Expertise einer unabhängigen und kompetenten Institution wie einem „Welt-Globalisierungsrat" zurückgreifen könnte. Nur dann könnten Länderegoismen ausgeblendet werden. Der Energieverbrauch hängt stark mit dem CO_2-Ausstoß zusammen und ist daher kein nationales, sondern ein globales Thema.

TOP 16: Alleine die Herausforderungen aus dem Straßenverkehr der Zukunft lassen für mich keinen Zweifel daran, dass wir auch in dieser Hinsicht künftig globaler denken müssen.
Regenerierbare Energien wie Solar-, Wind- und Wasserkraft werden immer wichtiger, sind aber naturgemäß nicht in allen Ländern gleichermaßen verfügbar. Brauchen wir daher nicht zunächst für Europa und dann für die ganze Welt ein intelligentes Stromnetz, das die erneuerbaren Energien dezentral verknüpft und international verbindet? Die derzeitige Praxis der regionalen Stromnetze ist nicht mehr zukunftsfähig. Um den globalen Energiehunger zu stillen brauchen wir auch globale Netze. Wissenschaftler fordern dies schon lange, aber warum reagiert die Politik nicht? Sollten wir Bürger nicht die Wissenschaftler unterstützen und über die örtlichen Abgeordneten Druck aufbauen?!

Wer hat welchen Einfluss auf TOP 16?

	Einfluss gering	mittel	hoch	sehr hoch
Jeder Mensch		■		
Politiker eines Landes		■		
EU		■		
UN			■	
Global Player			■	
Welt-Institution				■

Globale Stromnetze können nur von der UN oder einer Welt-Institution eigeführt werden. Da die Global Player hieran auch ein hohes Interesse haben dürften, könnte aus dieser Ecke Unterstützung kommen.

TOP 17: Mobilitätsforscher gehen davon aus, dass der motorisierte Individualverkehr zurückgeht bzw. zurückgehen muss. Zumindest in den Industriestaaten wird eine Verkehrswende ab den 30er-Jahren zwangsläufig kommen. Wenn weniger Verkehr auf den Straßen ist, brauchen wir keine neuen mehrspurigen asphaltierten Straßen mehr, sondern können stattdessen Grünflächen anlegen. Sollten wir daher nicht jetzt bereits aufhören, neue Autobahnen zu bauen, da diese ansonsten in den 30er-Jahren mit hohem Aufwand zurückgebaut werden müssen?!

Wer hat welchen Einfluss auf TOP 17?

	Einfluss gering	mittel	hoch	sehr hoch
Jeder Mensch			■	
Politiker eines Landes				■
EU			■	
UN			■	
Global Player		■		
Welt-Institution			■	

Die Erarbeitung und Umsetzung einer Strategie zur Verkehrswende ist eine typische nationale Aufgabe Hier sind die Regierungen gefordert und wir Bürger/innen können und sollten mitreden.

TOP 18: Ein deutsches Team zeigt derzeit der Welt die Zukunft der Energiegewinnung: Im beschaulichen Greifswald forscht ein 450-köpfiges Team an der Kernfusion. Dort ist man überzeugt, dass Solar-, Wasser- und Windkraftanalgen alleine die Energieversorgung der Erde nicht sicherstellen werden können. Die Kernfusion werde die ideale Ergänzung sein, da sie "die Energieversorgung der Erde ein für alle Mal sicherstellen könne".

Auch Wissenschaftler in anderen Ländern wie Frankreich und Russland, sind in Kernforschungszentren dabei, dieses ultimative Problem der Energieversorgung zu lösen. Die Forscher stellen wirtschaftlich arbeitende Fusionsreaktoren leider erst für die zweite Hälfte des Jahrhunderts in Aussicht. Sie könnten die noch bestehenden Hürden allerdings auch früher überwinden, wenn "der politische Wille da wäre und wir mehr Geld zur Verfügung hätten"[39].

Liegt es daran, dass in vielen Köpfen Kernfusionsanlagen fälschlicherweise mit Atomkraftwerken gleichgesetzt werden?

Sicher entsteht auch bei der Kernfusion strahlendes Material. Im Vergleich zur Atomenergie ist das Restrisiko aber ungleich geringer. Eine umweltfreundliche, nachhaltige und nahezu unbegrenzte Energieversorgung wäre unzweifelhaft eine der größten Errungenschaften der Menschheit.

Sollte dann die Staatengemeinschaft nicht alle erforderlichen finanziellen Mittel einsetzen, um das schnellstmöglich zu erreichen?

Für Rüstung ist genug Geld da, für Forschung und Wissenschaft nicht. Eine paradoxe Situation!

---

[39] Quelle: dbb magazin Ausgabe Juli/August 2019: "Kernfusionsforschung in Greifswald"

Wer hat welchen Einfluss auf TOP 18?

	Einfluss gering	mittel	hoch	sehr hoch
Jeder Mensch	■			
Politiker eines Landes		■		
EU			■	
UN			■	
Global Player		■		
Welt-Institution				■

Die Erforschung der Kernfusion erfordert gigantische Geldmittel, verspricht aber auch einen gigantischen Nutzen. Es macht wenig Sinn, wenn Forschungsteams auf Länderebene arbeiten. Diese Herkulesaufgabe erfordert die besten Wissenschaftler, die auf der Erde verfügbar sind. Die UN - oder noch besser eine neu zu gründende Welt-Institution - wäre in der Lage, dies zu organisieren und zu finanzieren.

Kapitel 2
Der Zustand unserer Umwelt

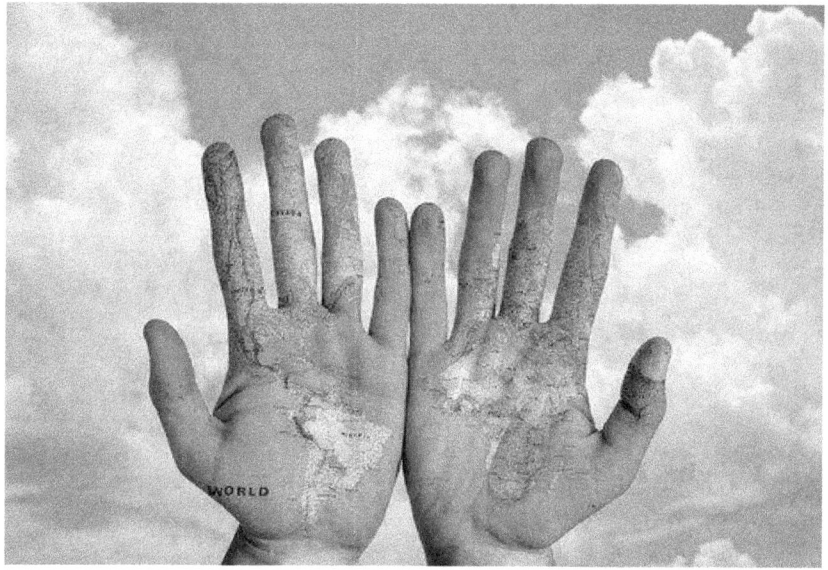

Klimawandel

Schaffen wir den erforderlichen Paradigmenwechsel noch rechtzeitig?

Derzeitige Situation

Nach übereinstimmender Einschätzung der weltweit führenden Wissenschaftler ist die Begrenzung des durch den Menschen verursachten Klimawandels eine der größten Herausforderungen, vor der die Menschheit je stand.

Auch das Weltwirtschaftsforum Davos (WWF) stuft den Klimawandel als eines der größten globalen Risiken ein[40].

Die Staatengemeinschaft hat dies frühzeitig erkannt und darauf angemessen reagiert: Mit dem Kyoto-Protokoll im Jahr 1997 wurde der Klimaschutz als weltweites Ziel verankert.

---

[40] Quelle: Website des WWF (http://www.wwf.de/2014/september/globaler-burn-out/)

Zusätzlich wurde am 12. Dezember 2015 auf der UN-Klimakonferenz in Paris ein Übereinkommen verabschiedet, das die Begrenzung der menschengemachten globalen Erwärmung auf deutlich unter 2 Grad gegenüber vorindustriellen Werten vorsieht.

Wie stark sich die Erde in den nächsten Jahrzehnten tatsächlich erwärmen wird, kann allerdings kein Forscher mit Sicherheit sagen, denn nicht nur der Mensch setzt Treibhausgase frei.

Fast alle Staaten sind sich einig, dass wir den Übergang von der nicht-nachhaltigen Nutzung von fossilen Energieträgern zu einer nachhaltigen Energieversorgung mittels erneuerbarer Energien dafür dringend brauchen.

Die Umgestaltung der Energieversorgung wird auf supranationaler Ebene durch viele Institutionen unterstützt. Zur besseren Koordination der unterschiedlichen Wege wurde bereits im Jahr 2010 die "Internationale Organisation für Erneuerbare Energien" (IRENA) gegründet[41]. Mit Stand November 2019 sind 160 Staaten und die Europäische Union Mitglied der IRENA. Außerdem befinden sich 23 Staaten im Prozess der Ratifikation des Mitgliedschaftsabkommens.

Als Gründe für die Errichtung der Organisation werden in einem Grundlagenpapier der Bundesregierung vom 10. April 2008 genannt:

- Ein prognostiziertes Anwachsen der Weltbevölkerung bis 2050 auf etwa 9,2 Milliarden Menschen würde bei weiterem Wirtschaftswachstum und Industrialisierung verschiedener Länder dazu führen, dass der weltweite Energiebedarf stark steigt. Nichterneuerbare Energiequellen würden somit noch schneller erschöpft.

---

[41] Quelle: Wikipedia (https://de.wikipedia.org/wiki/Internationale_Organisation_f%C3%BCr_erneuerbare_Energien) Stand Dezember 2020

- Fossile Brennstoffe und Kernkraft würden zudem zunehmend schwieriger zu nutzen sein, es wäre mit steigenden Kosten zu rechnen. Dies würde durch die Entwicklung des Ölpreises in den Jahren 2007 und 2008 belegt. Folge dieser Preissteigerungen wären negative Auswirkungen auf die Zahlungsbilanzen von „Volkswirtschaften mit geringem Einkommen".
- Die globale Erwärmung soll auf höchstens zwei Grad begrenzt werden, dazu sollen „Treibhausgasemissionen bis 2050 gegenüber dem Niveau von 1990 um mindestens 50 %" gesenkt werden. Damit sollen durch diese Klimaveränderung bedingte wirtschaftliche Verluste gemindert werden. In diesem Zusammenhang wird auf den Stern-Report verwiesen, nach dem sich diese Schäden auf jährlich bis zu 20 % des weltweiten Bruttoinlandsproduktes belaufen könnten.
- Als vierter Grund wird der Fakt genannt, dass über 1,6 Milliarden Menschen keinen Zugang zu Elektrizität haben, da deren Integration in bestehende Energienetze unwirtschaftlich wäre. Die ersatzweise verwendeten fossilen Brennstoffe hätten zudem „oft gesundheitsschädliche Folgen". Das Papier impliziert an dieser Stelle, dass die Errichtung der IRENA zur Lösung dieses Problems beitragen könne. Die IRENA versteht sich als „treibende Kraft", um den großflächigen und verstärkten Einsatz und die nachhaltige Nutzung von Erneuerbaren Energien weltweit zu fördern. Pfade für nachhaltige Entwicklung und Dekarbonisierung von 12 Industriestaaten wurden herausgegeben[42].

Doch was hat das alles bewirkt? **Nichts!**

---

[42] Quelle: Wikipedia (https://de.wikipedia.org/wiki/Energiewende) Stand Dezember 2020

Warum? Weil IRENA keinerlei Macht hat und dadurch nichts anderes ist als eines der vielen bereits existierenden wissenschaftlichen Gremien.

Rund 7,7 Milliarden Tonnen Kohle wurden 2017 weltweit gefördert. Nach drei Jahren rückläufigen Zahlen war damit wieder ein leichter Anstieg zu beobachten (+3,1 Prozent). Der Grund dafür war, dass China, Indien und die USA die Förderung erhöht hatten.

Das war damals besorgniserregend, aber die aktuellen Zahlen sollten alle Politiker wirklich in Panik versetzen: Im Jahr 2023 belief sich die globale Kohleförderung auf rund 9,1 Milliarden Tonnen[43].

Wir erinnern uns: Bereits im Jahr 2005 wurde die vermeintliche Lösung für unsere Probleme gefunden[44]:

Die EU hatte die Idee, den CO2-Ausstoß dadurch zu reduzieren, dass sogenannte "CO2-Zertifikate" eingeführt werden. Durch die Einführung des europäischen Emissionshandels wurden sie handelbar. In dem System sind rund 11.000 Kraftwerke und Fabriken in 31 Ländern registriert. Zudem gibt es ein eigenes Emissionshandelssystem für Fluggesellschaften, die in diesen Ländern operieren.

Den Gesamtausstoß aller Kraftwerke und Fabriken hat die EU-Kommission 2013 auf rund zwei Milliarden Tonnen CO2 begrenzt und ebenso viele Zertifikate per kostenloser Zuteilung oder Ver-

---

[43] Quelle: Statista Stand August 2024 (https://de.statista.com/statistik/daten/studie/41380/umfrage/welt-insgesamt-kohleproduktion-in-millionen-tonnen-oelaequivalent/)

[44] Quelle: Handelsblatt-Artikel vom 12.9.2018 (https://www.handelsblatt.com/finanzen/maerkte/devisen-rohstoffe/energie-400-prozent-plus-in-einem-jahr-das-ist-europas-begehrtester-rohstoff-/23055336.html?ticket=ST-19269084-lZHI1Bw6QrjgHBmUqxkH-ap4)

steigerung in Umlauf gebracht. Energie- und Industrieunternehmen müssen mit diesen Verschmutzungsrechten die tatsächlichen Emissionen ihrer Kraftwerke und Fabriken abdecken.

Wer CO2-Emissionen einspart, kann seine überschüssigen Zertifikate verkaufen, beispielsweise an der Leipziger Strombörse. Die EU will Unternehmen so einen finanziellen Anreiz bieten, ihre CO2-Emissionen zurückzufahren.

Zusätzlich sinkt die Menge verfügbarer Verschmutzungsrechte um 1,74 Prozent pro Jahr. So will die EU ihre selbst gesteckten Klimaschutzziele erreichen.

Lange Zeit stagnierte der Handel jedoch: Die Preise für eine Tonne CO2 lagen zwischen fünf und sechs Euro pro Tonne.

Die Anreize, in emissionsarme Technologien zu investieren, waren für Unternehmen gering. Dementsprechend ist auch der CO2-Ausstoß in der EU nur leicht zurückgegangen (Quelle: statista).

Im Jahr 2021 lag der Preis für ein Zertifikat bei 22 bis 24 Euro. Aktuell liegt er bei über 70 Euro[45]

Ab dem Jahr 2021 sank das Angebot an Verschmutzungsrechten stärker als bislang. Die Europäische Union war 2005 die erste politische Einheit, die ein solches System (EU ETS) eingeführt hat. Seither hat das Beispiel Schule gemacht. Inzwischen, so berichtet die „International Carbon Action Partnership" (ICAP) in ihrem Status-Report 2019, existieren 20 Emissionshandelssysteme rund um den Globus.

Aber leider hat alles das bisher keinen Erfolg. Weltweit hat der CO2-Ausstoß nach 2013 sogar noch leicht zugenommen (Quelle: statista).

Woran liegt das?

---

[45] Quelle:Börse.de Stand August 2024 (https://www.boerse.de/rohstoffe/Co2-Emissionsrechtepreis/XC000A0C4KJ2)

Die Industrieländer haben doch spätestens seit dem Jahr 2005 Anstrengungen unternommen, um die CO2-Emissionen zu reduzieren und dabei auch Erfolge erzielt!

Ja, aber die Entwicklungsländer haben das gemacht, was sie machen sollen: Sie haben sich entwickelt.

Und das führt zwangsläufig zu mehr Industrie, mehr Verkehr und dadurch mehr CO2-Ausstoß. Kann man ihnen das verdenken? Doch wohl nicht, schließlich haben auch wir es jahrzehntelang genossen, dass wir uns wirtschaftlich weiterentwickeln – auf Kosten der Umwelt!

So gut der Grundgedanke mit dem Handel von Emissionsrechten auch sein mag, volkswirtschaftlich gesehen ist er in der derzeitigen Form absolut unsinnig:

Ein Unternehmen konnte sich für 20-22 Euro je Tonne CO2 "freikaufen", aber eine Tonne CO2 verursachte Umweltschäden von 180 EURO (so die damaligen Berechnungen des Umweltbundesamtes (UBA)!

So ein schlechtes Geschäft würde niemand freiwillig eingehen, aber die EU sah offenbar keinen Handlungsbedarf.

Diese Zukunft erwartet unsere Kinder und Enkel

Die Zeitschrift "Nature" hat am 01. Dezember 2016 eine schockierende Studie veröffentlicht, nach der sich der Klimawandel nicht mehr umkehren lasse, es könnten nur noch seine Folgen abgemildert werden.

Hier ein Auszug[46]:

---

[46] Quelle: Website von Motherboard (https://motherboard.vice.com/de/article/bm78g4/biologen-warnen-es-steht-noch-schlechter-um-die-erde-als-wir-bisher-dachten)

"55 Milliarden Tonnen Kohlendioxid werden bis 2050 zusätzlich in die Atmosphäre gelangen. Bislang sind sie in den Böden gespeichert. Doch mit zunehmender Erderwärmung verlieren die Böden immer stärker ihre Funktion als Kohlenstoffsenken, das CO2 wird freigesetzt. Mit der Klimaerwärmung werden die Organismen im Boden aktiver, erläuterte der Leitautor der Studie, Thomas Crowther, den Vorgang. Je aktiver sie werden, desto mehr Kohlenstoff geben sie ab. Crowther hat für die Untersuchung zusammen mit rund 50 weiteren Forschern Daten ausgewertet, die in den letzten 20 Jahren in Nordamerika, Europa und Asien erhoben wurden. Dadurch, so die Wissenschaftler, werde ein Teufelskreis von "positiven Feedbacks" in Gang gesetzt. Je mehr Erwärmung, desto mehr Verlust an Senken, was wiederum zu mehr Erwärmung führt. Das sei in den bisherigen Klimamodellen noch nicht berücksichtigt. Der Klimawandel dürfte erheblich schneller ablaufen, als wir bislang gedacht haben, sagte Crowther. Wir müssen davon ausgehen, dass wir den "Point of no Return" schon überschritten haben. Der Klimawandel lasse sich nicht mehr umkehren. Allerdings könnten seine Folgen abgemildert werden." (Zitat Ende)

Die Welt ist also weit davon entfernt, den CO2-Ausstoß so drastisch zu reduzieren, dass die Erderwärmung auf 1,5 oder 2 Grad begrenzt werden kann.

Was alles passieren wird, wenn wir die 2 Grad übersteigen, zeigt Prof. Harald Lesch ungeschminkt in seinen Vorträgen, die u.a. auf YouTube zu sehen sind:

"Wir werden Kriege um Wasser erleben. Die Menschheit lernt nur aus Katastrophen. Europa wird es nicht ganz so schlimm wie Afrika und Asien treffe, aber die Mittelmeerländer werden in 100 Jahren nicht mehr bewohnbar sein". (Zitat Ende)

Was hat die Staatengemeinschaft versäumt bzw. falsch gemacht?

Eine animierte Uhr im Internet[47] zeigt an, wie viel Kohlendioxid die Menschheit noch ausstoßen darf, wenn sie die Klimaziele von Paris erreichen soll. Demnach liegt unser CO2-Budget noch bei 420 bis 1.070 Gigatonnen, wie der Weltklimarat IPCC kürzlich errechnete. Doch bei rund 42 Gigatonen CO2-Emissionen pro Jahr zählt die CO2-Uhr schnell herunter – es bleiben für das 2-Grad-Ziel nur noch weniger als 26 Jahre, für 1,5 Grad sogar nur noch weniger als 8 Jahre (Stand 2020).

Trotz dieser akuten Bedrohung schafft es die Staatengemeinschaft nicht, den weltweiten CO2-Ausstoß wirksam zu begrenzen. In den großen Industriestaaten sind wirtschaftliche Erwägungen offenbar immer noch wichtiger als die Zukunft unseres Planeten. Es gibt einige große Gebiete unserer Erde, die nicht nur für die Länder, in denen sie sich (zufällig) befinden, sondern für die gesamte Menschheit von Bedeutung sind. Das sind zum Beispiel die großen Regenwälder und die Meere.

Das ist ja nichts Neues. Doch warum hat die UN nicht längst darauf reagiert?

Was muss auf unserer Agenda für die Jahre 2020 bis 2030 unbedingt stehen?

Die Situation ist leider so verfahren, dass die Zeit für eine normale mittel- bis langfristige Steuerung, die über Jahrzehnte geht, nicht mehr ausreicht. Eine Hoffnung auf Besserung besteht nur, wenn die Staatengemeinschaft in den nächsten Jahren die "Notbremse" zieht.

---

[47] Siehe: https://www.mcc-berlin.net/forschung/co2-budget.html

TOP 19: Es ist bewundernswert, wie immer mehr Menschen, Gemeinden und Städte in Deutschland ihren individuellen Beitrag zur Reduzierung des für die Erderwärmung primär verantwortlichen CO_2 leisten! Leider hat dies aber nur symbolischen Wert: Der Anteil Deutschlands am weltweiten CO_2-Ausstoß liegt im niedrigen einstelligen Prozentbereich. Selbst wenn wir in Deutschland alle ab sofort überhaupt kein CO_2 mehr "produzieren" würden, wären die Auswirkungen auf das Weltklima nur marginal.

Generell kann man sagen:

Es ist gut, wenn viele Menschen weltweit versuchen, ihren „ökologischen Fußabdruck" zu verkleinern, d.h. den von ihnen direkt oder indirekt versursachten CO_2-Ausstoß zu reduzieren. Aber die Wirksamkeit dieser „Bottom-up-Bewegung" wird oft überschätzt. Außerdem besteht die große Gefahr, dass Gräben aufgeschüttet werden zwischen den „bösen" Fleischessern und den „guten" Vegetariern, zwischen den „bösen" SUV-Fahrern und den „guten" Fahrradfahrern, zwischen den „bösen" Fernreisenden und den „guten" Inlandsurlaubern usw.

Natürlich kann jeder von uns seinen Teil zur Lösung des Problems beitragen, aber tatsächlich vermeiden können wir eine Klimakatastrophe nur, wenn wir die großen Verursacher in den Griff bekommen. Sie glauben mir nicht?

Hier ein einfaches Rechenbeispiel auf der Basis der EU-Zahlen:

Die in der EU entstandenen CO_2-Emissionen setzten sich im Jahr 2014 (das sind die aktuell verfügbaren Zahlen) aus 1,6 t/Kopf direkten Emissionen der privaten Haushalte (z. B. zum Heizen und für den privaten Transport) und 5,7 t/Kopf aus inländischen Produktionsaktivitäten innerhalb der EU zusammen[48].

---

[48] Quelle: ec.europa.eu (https://ec.europa.eu/eurostat/statistics-explained/pdfscache/19127.pdf)

Bei rund 500 Millionen Menschen beläuft sich der „private Anteil" somit auf jährlich 0,8 Gigatonnen (Gt) CO2 (500.000 x 1,6 t). Angenommen, man schafft es, dass jeder zweite EU-Bürger/in sich stark einschränkt, also deutlich weniger Reisen macht, deutlich weniger Fleisch isst, deutlich mehr öffentliche Verkehrsmittel nutzt usw. und dadurch 30% seines CO2-Ausstoßes einspart. Dann wären das 0,12 Gt CO2 pro Jahr (30% von 0,8 Gt und davon wieder die Hälfte).

Das wäre sehr ambitioniert, aber würde das eine Klimakatastrophe abwenden? Leider nein.

Der CO2-Ausstoß Europas betrug (im gleichen Jahr) 4,4 Gt[49].
Um die Klimakatastrophe abzuwenden, muss die EU – wie der Rest der Welt – bis spätestens 2050 klimaneutral werden, d.h. überhaupt kein CO2 mehr ausstoßen. Die mühevoll erzeugten Einsparungen der EU-Bürger/innen von 0,12 Gt CO2 würden daher kaum ins Gewicht fallen. Und selbst wenn sich nicht nur jeder zweite, sondern jeder entschließen würde, auf 30% seiner klimaschädlichen Gewohnheiten zu verzichten, wäre das Resultat auch nur 0,24 Gt CO2.

Weltweit sieht es noch schlechter aus, da nach meiner Einschätzung die Europäer noch mehr als die Amerikaner oder Australier bereit wären, für das Klima auf einen gravierenden Teil ihres Komforts zu verzichten.

Das ist die schlechte Nachricht. Es gibt aber auch eine Gute: Der Klimawandel kann noch abgewendet werden, wenn sich die Menschheit schnell und konsequent um die Bereiche kümmert, die den weltweiten CO2-Ausstoß maßgebend beeinflussen.

---

[49] Quelle: ec.europa.eu (https://ec.europa.eu/eurostat/statistics-explained/index.php?title=Archive:Statistik_der_Treibhausgasemissionen_-_Luftemissionsrechnung&oldid=343598#Treibhausgasemissionen)

Nach übereinstimmender Auffassung der Wissenschaftler sind das folgende Themen in der Reihenfolge der Wichtigkeit:
1. Beendigung der Verwendung fossiler Brennstoffe (Kohle, Erdöl und Erdgas) zur Energiegewinnung (vor allem in der Industrie). Eine extrem wichtige Sofortmaßnahme wäre das Verbot des „Flaring", des Abfackelns von überschüssigem Erdgas.
2. Beendigung der Entwaldung (insbesondere tropischer Regenwälder).
3. Umstellung des Straßenverkehrs auf regenerative Antriebstechniken (Solarenergie, Wasserstoff o.ä.).

Nur wenn wir diese drei Punkte in den nächsten beiden Jahrzehnten global in den Griff bekommen, haben auch unsere Kinder und Enkel eine Aussicht auf ein lebenswertes Leben.

Diese Erkenntnis ist ja nicht neu. Aber wenn ich mir ansehe, wie sich die Emissionswerte in den letzten zehn Jahren entwickelt haben, bin ich überzeugt, dass wir das nicht schaffen, wenn wir uns nur auf die Regierungen dieses Planeten verlassen.

Das bedeutet aber nicht, dass einzelne Personen, Städte und Länder aufhören sollten, im Rahmen ihrer Möglichkeiten den CO_2-Ausstoß zu reduzieren. Die nationalen Anstrengungen summieren sich natürlich und haben auch große Symbolkraft. So können andere Menschen und Länder motiviert werden.

Aber nochmal: Für die Lösung des globalen Problems "Erderwärmung" brauchen wir auch globale Anstrengungen:

Eine unabhängige Institution, die das Thema global angeht, würde systematisch und überlegt vorgehen:

Zu sagen, wir konzentrieren uns auf die Länder, bei denen der CO_2-Ausstoß pro Kopf am höchsten ist (die also am wenigsten auf den Klimawandel Rücksicht nehmen), würde wenig bringen. Denn dann wäre man bei Ländern wie Katar, Kuwait und Bahrein. Alles große "CO_2-Sünder", aber sehr kleine Länder. Selbst wenn man diese Länder alle zu einem vorbildlichen Verhalten anhalten könnte, wären die Auswirkungen auf das Weltklima nur gering.

Es würde aber auch nichts bringen, sich auf die Länder zu konzentrieren, die insgesamt den höchsten CO2-Ausstoß haben. Denn dann wäre man nur bei China und Indien, also Ländern, die alleine aufgrund der gigantischen Größe ihrer Bevölkerung hohe Emissionswerte haben (müssen).

Eine kompetente und neutrale Welt-Institution würde daher untersuchen, welche Aktivitäten den höchsten CO2-Ausstoß hervorrufen und in welchen Ländern diese Aktivitäten überwiegend praktiziert werden.

Dann kämen die richtigen Länder ins Visier:

CO2 entsteht vor allem bei der Verbrennung fossiler Energieträger (Braunkohle, Steinkohle, Torf, Erdgas und Erdöl) durch Verkehr, Heizen, Stromerzeugung und Industrie. Es gibt vorbildliche Länder wie Deutschland, die den Ausstieg aus fossilen Brennstoffen zumindest angestoßen haben, aber leider gibt es viele andere große Länder wie insbesondere China, USA, Australien und Indien, die davon überhaupt noch nichts wissen wollen. Das sind die Länder, um die sich die Welt-Institution primär kümmern müsste.

Nun, diese Welt-Institution haben wir leider (noch) nicht.

Aber wäre es nicht sinnvoll, wenn die EU zumindest aufhören würde, Milliarden in die nationale CO2-Reduzierung zu stecken und stattdessen die weltweit relevanten "Verschmutzer" noch mehr dabei unterstützen würde (auch durch technische Unterstützung und Know-how-Transfer), ihre ineffizienten Kohlekraftwerke zu sanieren und auf einen europäischen Standard zu heben?

Nicht Deutschland, nicht Europa, sondern diese Länder werden maßgeblich entscheiden, wie warm es auf der Erde werden wird, wie schnell die Pole schmelzen und wie hoch das Wasser steigen wird.

Indien z.B. tut derzeit schon viel und baut riesige Solarparks, aber nach Prognosen von namhaften Wirtschaftsexperten wird sich der Energieverbrauch in den nächsten zwei Jahrzehnten mindestens verdoppeln. Die CO2-Emissionen werden daher trotz aller Solarrekorde weiter ansteigen. Das Land wird für den Kohleausstieg viele Hundert Milliarden US-Dollar brauchen, die es nicht hat.

Die reichen Industriestaaten haben das Geld und haben jahrzehntelang rücksichtslos konsumiert.

Ist es daher nicht ihre Pflicht, Länder wie Indien jetzt vorbehaltlos finanziell - und natürlich auch durch know-how-Transfer - zu unterstützen?! Sollte die UN dies nicht organisieren und die Führungsrolle einnehmen?!

Wer hat welchen Einfluss auf TOP 19?

	Einfluss gering	mittel	hoch	sehr hoch
Jeder Mensch	■			
Politiker eines Landes	■			
EU		■		
UN			■	
Global Player		■		
Welt-Institution				■

Die EU und die UN sind bereits seit Jahren bestrebt, die Länder, die noch in hohem Umfang fossile Brennstoffe nutzen, bei der Energiewende zu unterstützen. Doch die Hilfen wurden zu zögerlich eingesetzt. Zugegebenermaßen sind - wie bei der Erforschung der Kernfusion - gigantische Mittel erforderlich, um so große Länder wie Indien wirksam zu unterstützten. Ich fürchte daher, dass dies ohne eine Welt-Institution, die wirklich nur das Wohl der Erde im Blick hat und so eine Unterstützungsaktion weltweit koordinieren könnte, nicht funktionieren wird.

TOP 20: Weltweit verhalten sich lobenswerterweise Millionen von Menschen aus Eigeninitiative umweltbewusst. In Relation zur Weltbevölkerung (rund 7,5 Milliarden) ist das aber nur der sprichwörtliche "Tropfen auf den heißen Stein". Wir können leider nicht darauf vertrauen, dass sich dadurch die Erderwärmung so schnell und so gravierend stoppen lässt, wie Wissenschaftler es zu Recht fordern.

Umweltschädliches Verhalten zu verbieten bzw. zu sanktionieren, erscheint mir aber auch nicht der richtige Weg.

Die Erfahrung hat gezeigt, dass ein Mensch sein Verhalten dauerhaft nur ändert, wenn er es aus Überzeugung tut.

Ich sehe da mindestens zwei Möglichkeiten:

- Wer sein Lebensglück darin findet, dass er einen großen SUV oder einen PS-strotzenden Sportwagen fährt, soll dies machen. Wer so viel Geld übrig hat, dass er am Wochenende schnell mal nach London oder Paris zum Shoppen fliegen kann, soll auch dies machen. Wer jeden Tag Fleisch isst, weil er dies seit Jahrzehnten so gewohnt ist und der Meinung ist, dass sein Körper das braucht, soll es weiter machen. Wer gerne auf Kreuzfahrten geht, weil er auf diese Weise viele Länder in kurzer Zeit und zu einem günstigen Preis kennenlernen kann, soll auch das machen. Aber alle diese Menschen sollten künftig an ihrem Geldbeutel spüren, dass ihre Aktivitäten zu Lasten der CO_2-Bilanz der Menschheit gehen: Wer einen großen SUV fährt, der fünfmal so viel CO_2 ausstößt, wie ein sparsamer Kleinwagen, der muss auch fünfmal so viel CO_2-Steuer zahlen. Wer eine Flugreise macht, dem muss automatisch zum Flugpreis eine CO_2-Abgabe hinzugerechnet werden, die dem Schaden entspricht, den der Flug verursacht (derzeit 180 Euro pro Tonne CO_2). Wer viel Fleisch isst, wird das über den Fleischpreis spüren müssen, der sich durch den CO2-Aufschlag deutlich erhöhen wird, je nach Fleischsorte. Die Einnahmen aus diesen Aufschlägen müssen dann natürlich für Projekte verwendet werden, die nachgewiesenermaßen CO2 reduzieren. Und zwar deutlich mehr, als die "CO2-Sünder" verursachen. Da die Erfahrung gezeigt hat, dass viele Menschen vor allem über ihren Geldbeutel steuerbar sind, erscheint mir dieser Weg sinnvoller als Verbote und als das Vertrauen in das Gute der Menschen…. Allerdings müssen wir durch eine klare Regelung für CO2-Aufschläge die Spaltung der Gesellschaft in die "Guten", die CO2-bewusst leben und die "Bösen", die das nicht tun, vermeiden. Wir müssen eine intelligente Steuerungslösung finden, damit nicht der Fall eintritt, dass die Armen sich nichts mehr leisten können und die Reichen leben wie bisher. Es gibt viele Länder, die CO2-Steuern bereits eingeführt haben. Von deren Erfahrungen könnte und sollte die Staatengemeinschaft lernen. In Schweden wurde z.B. bereits im Jahr 1986 eine CO2-Steuer eingeführt. Die Tonne CO2 ist dort mit rund 121 US-Dollar bepreist. Auch Lichtenstein, die Schweiz, Finnland und Norwegen haben seit vielen Jahren CO2-Steuern mit Preisen von deutlich über 50 US-Dollar je Tonne. Und der Erfolg gibt solchen Ländern recht: Der CO2-Ausstoß in Lichtenstein und der Schweiz pro Kopf ist nur fast halb so hoch wie in Deutschland!

- Die zweite Möglichkeit wäre, dass man für jedes Land errechnet, welcher CO2-Ausstoß gerade noch zulässig ist, um die 1,5 bzw. 2 Grad-Grenze nicht zu überschreiten. Dann würde jeder Bürger ein gleich großes CO2-Kontingent erhalten, egal wie arm oder reich er ist. Wer sein Budget am Jahresende nicht ausgeschöpft hat, würde als Belohnung eine Gutschrift in Euro bekommen. Ein Übertrag/Verkauf der Restkontingente auf andere Menschen müsste ausgeschlossen werden. Dadurch würde sich die Schere zwischen Arm und Reich langsam aber sicher schließen. Eventuell die perfekte Lösung, um soziale Gerechtigkeit herzustellen, aber natürlich mit negativen Auswirkungen auf das Wirtschaftswachstum, denn der Konsum würde drastisch einbrechen. Könnte man aber mal durchrechnen, oder?!

Wer hat welchen Einfluss auf TOP 20?

	Einfluss gering	mittel	hoch	sehr hoch
Jeder Mensch	■			
Politiker eines Landes			■	
EU			■	
UN			■	
Global Player	■			
Welt-Institution				■

Eine CO2-Steuer oder ein CO2-Budget könnte jedes Land für sich einführen, d.h. der Einfluss der Politiker ist grundsätzlich hoch. Aber es nützt nichts, wenn dies nicht von den Ländern unterstützt wird, die den größten Impact haben. Ich fürchte daher, dass beide Ideen ohne eine machtvolle Welt-Organisation, die festlegt, dass sich alle Länder daran beteiligen müssen, nicht funktionieren.

TOP 21: Der Emissionshandel läuft nicht perfekt, hat aber in den Staaten, die ihn praktizieren, zu einem deutlichen CO2-Rückgang geführt. Sollte die Staatengemeinschaft in Form der UN nicht auch die großen "Verschmutzer" wie China, USA, Australien und Indien davon überzeugen, ein Emissionshandelssystem einzuführen? Wenn Anreize nicht helfen, sollte dann nicht wirtschaftlicher Druck aufgebaut werden?!

Wer hat welchen Einfluss auf TOP 21?

	Einfluss gering	mittel	hoch	sehr hoch
Jeder Mensch	■			
Politiker eines Landes	■			
EU	■			
UN		■		
Global Player		■		
Welt-Institution				■

Um die großen "Verschmutzer" wie China, USA, Australien und Indien davon zu überzeugen, ein Emissionshandelssystem einzuführen, braucht man schwere „Geschütze". Die UN oder Global Player haben eine Chance, aber ich fürchte, ohne eine „Welt-Institution" lässt sich das nicht realisieren.

TOP 22: Fast alle Länder sind sich grundsätzlich einig, dass erneuerbaren Energien absolute Priorität einräumt werden sollte.

Warum wird dann der Kohleausstieg als effektivstes Mittel zur Bekämpfung des Klimawandels nicht weltweit kurzfristig realisiert? Wann endet endlich die Rücksichtnahme auf die Interessen von Lobbyisten (Automobilindustrie, Kohlewirtschaft usw.)?

Sicher, es ist nicht so einfach, wie es auf dem Papier klingt, denn parallel zum Kohleausstieg müssen regenerative Energien im gleichen Umfang ausgebaut werden. Auch müssen sie billig bleiben, denn die Bevölkerung braucht preiswerte Energie. Gefunden werden müssen auch alternative Tätigkeiten für die derzeit im Kohlebergbau beschäftigen Menschen. Aber je länger wir damit warten, umso dringender und größer wird das Problem!

Wer hat welchen Einfluss auf TOP 22?

	Einfluss gering	mittel	hoch	sehr hoch
Jeder Mensch			■	
Politiker eines Landes				■
EU			■	
UN			■	
Global Player		■		
Welt-Institution				■

Der Kohleausstieg kann national erfolgen, wie es das Beispiel Deutschland zeigt. Die Bevölkerung kann Druck auf ihre Regierung aufbauen und ihn dadurch anstoßen bzw. beschleunigen. Dass Deutschland beschlossen hat, den Ausstieg erst bis 2038 zu realisieren, zeugt von einer völligen Verkennung des Ernstes der Lage. Das ist ein klassischer Punkt, für den die Bevölkerung – mit Unterstützung von NGOs wie Campact – kämpfen könnte und sollte. Dieser Beschluss muss unbedingt gekippt werden. Das wäre auch ein wichtiges Signal an andere Länder. Auch wenn – wie bereits erläutert – Deutschland hinsichtlich der Reduzierung des globalen CO_2-Ausstoßes nur einen minimalen Beitrag leisten kann, so wäre es extrem wichtig, hier eine Vorreiterrolle einzunehmen und anderen Staaten zu zeigen, was machbar ist.

TOP 23: Ein großes Potential zum Einsparen von CO_2 liegt vor allem im Bereich des Autoverkehrs. Hier läuft uns aber die Zeit davon. Elektroantriebe anstelle von Verbrennungsmotoren sind nur eine Scheinlösung, da die meisten Staaten derzeit ihren Strom noch zu großen Teilen aus Kohlekraftwerken beziehen. E-Autos sind daher immer noch "CO_2-Sünder", außer man betreibt sie ausschließlich über die heimische Fotovoltaik-Anlage. Dann bleibt aber immer noch der immense CO_2-Ausstoß zur Herstellung und Entsorgung der Autobatterie.

Wir brauchen daher gerade in diesem Bereich technische Innovationen. Möglichkeiten gibt es viele. Wir könnten z.B. anstelle von Diesel oder Benzin mehr Biogas (Bio-Methan) einsetzen. Das wird aus Stroh hergestellt und ist frei von CO2. Mit vier Großballen Stroh kann man ein ganzes Jahr Auto fahren! Unglaublich, aber wahr! 500 Kilogramm Bio-Methan erzeugt Verbio (Vereinigte Bio Energie AG) aus vier Großballen Stroh.

Mittelklasse-Pkw, wie der Erdgas-Passat oder der Golf Variant, kommen damit circa 11.500 Kilometer weit[50].

Wir könnten aber auch den Wasserstoffantrieb oder Brennstoffzellenautos vorantreiben.

Oder wir könnten die Entwicklung des Hyperloops[51], eines Hochgeschwindigkeits-Beförderungssystems ohne CO2-Ausstoß, voranbringen.

Das alles erfordert aber Investitionen in Milliardenhöhe, damit eine flächendeckende Nutzung möglich wird.

Deutschland könnte hier den Vorreiter spielen und anderen Ländern zeigen, dass es funktioniert.

Wer hat welchen Einfluss auf TOP 23?

	Einfluss gering	mittel	hoch	sehr hoch
Jeder Mensch			■	
Politiker eines Landes			■	
EU				■
UN				■
Global Player		■		
Welt-Institution				■

---

[50] Quelle: Windkraft-Journal (https://www.windkraft-journal.de/2017/01/06/bio-methan-mit-vier-ballen-stroh-ein-ganzes-jahr-lang-autofahren/96350)

[51] Quelle: Ingenier.de (https://www.ingenieur.de/technik/fachbereiche/verkehr/europas-erster-hyperloop-ist-fertig/)

Dass Investitionen in Milliardenhöhe ohne weiteres möglich sind, zeigt uns die deutsche Bundesregierung derzeit anhand der gigantischen Corona-Rettungspakete. Aber warum haben wir nicht längst Milliarden in die Entwicklung von alternativen Technologien gesteckt, um den immer weiter zunehmenden Autoverkehr CO_2-Neutral zu machen?

Die nationalen Politiker hätten die Macht dies zu tun, aber ich glaube für eine wirkliche Verkehrswende brauchen wir zentrale Vorgaben der UN bzw. zumindest der EU.

Natürlich kann die „Revolution" auch von der Basis kommen: Wenn wir alle nur noch Autos kaufen würden, die die Effizienzklasse A+ erfüllen, wäre die Autoindustrie gezwungen, ihre Modellpolitik umzustellen. Nachfrage beeinflusst bekanntlich das Angebot. Aber leider ist dies eine unrealistische Vorstellung. Die Neuzulassungen sprechen hier eine deutliche Sprache …

TOP 24: Der Flugverkehr gehört nicht zu den ganz großen Posten in der negativen Klimabilanz. Aber er nimmt stetig zu, das heißt, er wird in absehbarer Zeit zu einem drängenden Problem werden. Man kann die Verantwortung natürlich auf die Fluggäste schieben und sagen, sie sollen weniger fliegen oder ihre Flüge durch klimafreundliche Ausgleichszahlungen kompensieren.

Aber ist das tatsächlich ein gerechter Ansatz? Warum werden nicht die Fluggesellschaften verpflichtet, den CO_2-Ausstoß ihrer Flugzeugflotte durch Förderung von Klimaschutzprojekten auszugleichen?! Dass das keine absurde Idee ist, zeigt ausgerechnet der Billigflieger "EasyJet", der genau so etwas vorhat[52]. Wäre das nicht ein Modell für alle Fluggesellschaften?!

---

[52] Quelle: dpa-Nachricht vom Dezember 2019

Wer hat welchen Einfluss auf TOP 24?

	Einfluss gering	mittel	hoch	sehr hoch
Jeder Mensch		■		
Politiker eines Landes		■		
EU			■	
UN				■
Global Player	■			
Welt-Institution				■

Der Anstoß ist von „EasyJet" gekommen, jetzt könnten alle anderen Fluggesellschaften nachziehen. Aber ist das realistisch? Ich fürchte nein. Daher werden wir Vorgaben der EU oder der UN brauchen. Natürlich können auch wir als Fluggäste mithelfen und nur noch bei Fluglinien buchen, die sich in diese Richtung entwickeln.

TOP 25: Bei vielen der großen CO_2-Sünder handelt es sich um börsennotierte Unternehmen. Hier liegt eine immense Chance:
Solche Unternehmen brauchen viele zahlungskräftige Shareholder (Aktionäre), die ihre Aktien kaufen. Das ist ein riesiger Hebel für verantwortungsbewusste und zukunftsorientierte Anleger.
Wenn immer mehr Kapital in Unternehmen fließt, die sich nachweislich um das Wohl der Erde kümmern und im Gegenzug Kapital abgezogen wird aus bekannten Umweltsündern, dann kann dies schneller positive Veränderungen in der Unternehmenspolitik bewirken als irgendein Umweltgesetz, das nur wenig beachtet oder ganz umgangen wird.
Die Allianz, Europas größter Versicherer, hat es uns allen unlängst vorgemacht, wie das laufen kann:
Eine internationale Initiative großer Versicherungen, die "Net Zero Asset Owner Alliance", wird ihr Geld (es handelt sich immerhin um mehr als zwei Billionen Euro), künftig nur in Unternehmen

investieren, die möglichst wenig zur Erderwärmung beitragen. Die Kapitalanleger verpflichten sich, ihre Investmentportfolios bis 2050 auf netto null Treibhausgas-Emissionen umzustellen[53].

Der weltweit größte Vermögensverwalter "BlackRock" hat auch schon dazu gelernt:

Seit 25.03.2019 werden bei bestimmten Global Funds keine Direktinvestitionen mehr in Unternehmen durchgeführt, die in der öffentlichen Kritik stehen (Kernwaffen, Streumunition, Kohlekraftwerke, Tabak, Schusswaffen, Umweltschutzprobleme usw.).

Wenn alle kleinen und großen Anleger (Superreiche und Fondsgesellschaften) diesem Beispiel folgen, können wir die Pariser Klimaziele vielleicht doch noch erreichen!

Je länger ich darüber nachdenke, desto mehr erscheint mir dieser TOP als einer der ganz großen Hebel, denn "Geld regiert die Welt"!

Wer hat welchen Einfluss auf TOP 25?

	Einfluss gering	mittel	hoch	sehr hoch
Jeder Mensch			■	
Politiker eines Landes	■			
EU		■		
UN		■		
Global Player			■	
Welt-Institution		■		

Bei diesem Punkt haben tatsächlich alle Menschen, die in irgend einer Form Geld anlegen, einen starken Einfluss: Sie können eine Hausbank wählen, die „grüne" und nachhaltige Unternehmen fördert, sie können Aktien von Unternehmen kaufen, die sich der

---

[53] Quelle: dpa, veröffentlicht in "Nürnberger Nachrichten" vom 24.09.19

CO2-Neutralität verpflichtet haben und sie können ihr Geld in entsprechende Investmentfonds stecken. Wirksamer ist natürlich noch, wenn die großen Fonds dies wie oben beschrieben von sich aus in großem Umfang machen. Aber auch die Global Player haben es in der Hand, die Zukunft in diesem Punkt in eine positive Richtung zu steuern.

TOP 26: Wenn alle Stricke reißen, dann haben wir immer noch "Geoengineering". So die Hoffnung von vielen großen Unternehmen.

Wikipedia gibt zu diesem Thema folgende Informationen:

"Der Sammelbegriff Geoengineering (auch Geo-Engineering oder Climate Engineering) bezeichnet vorsätzliche und großräumige Eingriffe mit technischen Mitteln in geochemische oder biogeochemische Kreisläufe der Erde. Es gibt zwei große Gruppen von vorgeschlagenen Geoengineering-Maßnahmen:

1. Mit Solar Radiation Management (SRM) soll mehr der einfallenden Sonnenstrahlung reflektiert werden.

2. Mit Carbon Dioxide Removal (CDR) soll das Treibhausgas Kohlenstoffdioxid (CO_2) aus der Atmosphäre entfernt und dauerhaft in anderen Kohlenstoffreservoirs gespeichert werden.

Viele vorgeschlagene Geoengineering-Technologien sind noch nicht verfügbar und ihre technische Machbarkeit, ihre gesellschaftlichen und politischen Implikationen sowie ihre Folgen für die Umwelt nicht gut verstanden. Die meisten Untersuchungen kommen überein, dass Geoengineering nicht Klimaschutz und -anpassung ersetzen kann"[54]. (Auszug Ende)

Das bedeutet also, dass wir nicht sorglos weiter CO_2 produzieren und uns auf Geoengineering verlassen dürfen. Der Silberstreif am

---

[54] Quelle: Wikipedia (https://de.wikipedia.org/wiki/Geoengineering) Stand Dezember 2020

Horizont ist es offenbar nur, wenn die Industriestaaten entsprechend viel Geld in Forschung und Wissenschaft investieren. Und das jetzt und nicht erst im Jahr 2050, wenn die 2 Grad-Grenze überschritten ist.

Ich fürchte - bei allen Risiken, die mit dem menschlichen Eingriff in geochemische oder biogeochemische Kreisläufe der Erde verbunden sind - die Menschheit wird nicht darumkommen, Geoengineering in großem Stil einzusetzen. Warum aber forschen die Regierungen nicht jetzt, sondern investieren weiterhin jedes Jahr den größten Teil der Haushaltsmittel in die Rüstungsindustrie?

Wer hat welchen Einfluss auf TOP 26?

	Einfluss gering	mittel	hoch	sehr hoch
Jeder Mensch	■			
Politiker eines Landes		■		
EU			■	
UN			■	
Global Player	■			
Welt-Institution				■

Wir alle können natürlich als Wähler versuchen, einen positiven Einfluss zu nehmen, aber die Vergangenheit hat leider gezeigt, dass die Rüstungsspirale so nicht aufzuhalten ist. Ich glaube daher, dass nur eine machtvolle Welt-Institution hier eine Rüstungsbegrenzung einführen könnte, damit Haushaltsmittel weltweit sinnvoller für die Erforschung von Geoengineering *eingesetzt werden (vgl. TOP 5).*

TOP 27: Es gibt eine potentielle gigantische Energiequelle, die dem Normalbürger noch kaum bekannt sein dürfte: Höhenwinde. Das renommierte Magazin für Naturwissenschaft "Spektrum der Wissenschaft" hat sich in seiner online-Ausgabe vom 11.09.2019 intensiv mit dem Thema beschäftigt:

"Fliegende Windkraftanlagen ernten Energie aus größerer Höhe als die konventionellen erdnahen Windräder. Nur ein dünnes Seil verbindet sie mit dem Boden. Google übernahm 2013 das US-amerikanische Flugwindunternehmen Makani und gab für die Entwicklung dieser Technologie über 30 Millionen US-Dollar in seiner Forschungsabteilung X aus. Alphabet – inzwischen Googles Mutterunternehmen – hat Makani Power im Februar 2019 aus Googles X-Labor ausgegründet, damit es mit fliegenden Windturbinen Geld verdient. Doch nicht nur der US-Konzern Google, etwa 70 Unternehmen weltweit sollen an den fliegenden Windanlagen arbeiten. Und auch die EU gibt Geld für diese Höhenwindprojekte aus. Flugwindkraftanlagen können pro Quadratmeter Flügelfläche so viel Strom erzeugen wie ein Solarfeld mit mehr als 500 Quadratmetern Fotovoltaikfläche"[55]. (Auszug Ende)

Auch hier drängt sich die Frage auf: Warum stecken die großen Industrienationen nicht viel mehr Geld in die Entwicklung dieser Technik? Sinnvoller als weitere Aufrüstung in militärischer Hinsicht wäre das doch allemal, oder?

Wer hat welchen Einfluss auf TOP 27?

	Einfluss gering	mittel	hoch	sehr hoch
Jeder Mensch	■			
Politiker eines Landes		■		
EU			■	
UN			■	
Global Player			■	
Welt-Institution				■

Auch bei diesem Punkt brauchen wir gigantische Forschungsmittel, die nur frei werden würden, wenn weltweit durch nur eine

---

[55] Quelle: spektrum.de (https://www.spektrum.de/news/strom-aus-dem-hoehenwind/1672298)

machtvolle Welt-Institution eine Rüstungsbegrenzung eingeführt werden würde.

TOP 28: Der Klimawandel ist - wie wir alle wissen - kein nationales sondern ein globales Problem. Aber dennoch werden sich einzelne Staaten immer wieder ihrer globalen Verantwortung entziehen. Man sieht es im Großen bei den USA unter der Trump-Regierung, in Brasilien unter dem „Klimaleugner" Bolsonaro und im Kleinen in Bayern: Die bayerische Staatsregierung weigert sich, geltendes Umweltrecht umzusetzen und in München Fahrverbote für Dieselfahrzeuge einzuführen. Ministerpräsident Markus Söder nahm ein Zwangsgeld in Kauf und setzt seit Jahren die Vorgaben des Bayerischen Verwaltungsgerichtshofs nicht um. Und das nur, um die mächtige bayerische Autoindustrie zu schonen!

Sollten wir daher nicht eine Institution ins Leben rufen, die die Kompetenz und die Macht hat, gegen den Klimawandel global vorzugehen und egoistische Alleingänge politischer Machthaber wirksam sanktionieren kann? Einen "Welt-Globalisierungsrat"[56]?!

Wer hat welchen Einfluss auf TOP 28?

	Einfluss gering	mittel	hoch	sehr hoch
Jeder Mensch		■		
Politiker eines Landes			■	
EU			■	
UN			■	
Global Player			■	
Welt-Institution				

Einen „Welt-Globalisierungsrat" aufzubauen, ist eine Aufgabe, die alle Länder zusammen in Angriff nehmen müssten.

---

[56] Vgl. Jimi Balladeer: "Unsere globale Welt erfordert globale Lösungen", erschienen 2018 bei Amazon

Sie müssten über ihren Schatten springen und erstmals Weltrecht schaffen und von ihrer eigenen Macht etwas zugunsten der Zukunft der Menschheit abgeben. Fatal wäre, wenn das erst dann funktionieren würde, wenn die Welt durch gigantische Katastrophen erschüttert wird.

Luftbelastung

Werden wir in allen Großstädten bald Atemmasken brauchen?

Derzeitige Situation

Die Luftverschmutzung nimmt weltweit zu. Jedes Jahr sterben mehr als drei Millionen Menschen weltweit durch die Folgen von Feinstaubbelastung. Zu dieser traurigen Bilanz kamen Forscher in einer Studie aus dem Jahr 2015[57].

Allein in Deutschland sind es laut der Organisation etwa 35 Tausend - Tendenz steigend. Deutschland liegt hinsichtlich der Verunreinigung, wie auch der Rest Westeuropas, im Mittelfeld.

---

[57] Quelle: Website von wissen.de (www.wissen.de/dicke-luft-die-dreckigsten-grossstaedte-der-welt)

Schlimmer gestaltet sich die Lage für Menschen im östlichen Europa, sowie im nördlichen Afrika und in großen Teilen Asiens, etwa China und Indien. Hier ist die Luftverschmutzung weltweit am höchsten.

Besonders tragisch ist, dass die Luftbelastung weltweit gerade in den Städten am höchsten ist, in denen die meisten Menschen leben[58]. Der für die EU zulässige Grenzwert für PM10 (= 40 µg/m³) wird in diesen Städten teils extrem überschritten (bis auf 230 µg/m³).

Insgesamt, so schätzt die WHO, sind weltweit mehr als 80 Prozent der Menschen in urbanen Lebensräumen einer Luftverschmutzung ausgesetzt, die die Grenzwerte der WHO deutlich überschreitet. Menschen in wirtschaftsschwachen Gegenden sind besonders gefährdet, aber auch in reichen Ländern nimmt die Verunreinigung zu. Die Folgen für die Gesundheit sind vielfältig: Ein erhöhtes Risiko für Schlaganfälle, Herzleiden, Lungenkrebs oder Asthma.

In der aktuellen Corona-Krise spielt die Luftverschmutzung eine traurige Rolle. Forscher haben herausgefunden, dass die Feinstaubpartikel als Träger der Viren dienen können und so die Weiterverbreitung unterstützen. Forscher aus Italien sprechen davon, dass Luftverschmutzung eine Art Autobahn für das Coronavirus sei[59].

Feinstaub kann man nicht gänzlich vermeiden, denn es gibt auch natürliche Quellen, z.B. Partikel, die von Erdumwälzungen oder Vulkanausbrüchen stammen.

---

[58] (Quelle: WHO https://www.who.int/phe/health_topics/outdoorair/databases/AAP_database_summary_results_2016_v02.pdf?ua=1)

[59] Quelle: airQ online vom 20.03.2020 (https://www.air-q.com/blog/coronavirus-feinstaub-beschleunigte-ausbreitung-in-norditalien)

Aber auch sogenannte „Marine Aerosole" (aus Meeren stammende vornehmlich grobe wasserlösliche Salzpartikel).

Feinstäube natürlicher Herkunft sind für den Menschen zwar belastend, aber nicht gesundheitsschädigend.

"Anthropogen" werden die vom Menschen verursachten Quellen genannt. Hier handelt es sich im Wesentlichen um den Auspuff von Dieselautos, den Schornsteinen von Industrieanlagen und Kraftwerken sowie den Heizanlagen von Haushalten. Zusätzlich werden Partikel vom Bremsabrieb, Autoreifen und dem Straßenbelag freigesetzt.

In Deutschland lässt sich der anthropogen verursachte Gesamtstaub laut einer Studie des Umweltbundesamtes (UBA) Prozentual folgendermaßen darstellen:
- 45% stammt aus Industrieprozessen
- 33% stammen aus dem Verkehr
- 21% wird von Schüttgut verursacht
- 1% stammt aus sonstigen Quellen.

Diese Zahlen stellen die Quellen der Gesamtstaubemission dar. Werden aber die Ursachen der gesundheitsschädigenden Feinstäube betrachtet, benennt das UBA mit 50% den Verkehr. Wird zusätzlich der vom Verkehr aufgewirbelte Feinstaub (Abrieb von Bremsen, Reifen, Straßenbelag) hinzugerechnet, kommen weitere 25% hinzu. Damit werden 75% der gesundheitsrelevanten Feinstäube in Deutschland vom Verkehr verursacht! [60].

Weltweit dürfte es nicht viel anders aussehen.

---

[60] Vgl. Website des Umweltbundesamtes (https://www.umweltbundesamt.de/themen/luft)

Diese Zukunft erwartet unsere Kinder und Enkel

Wird nichts gegen die Luftverschmutzung getan, könnten im Jahr 2050 schon mehr als sechs Millionen Menschen jährlich an Smog und Feinstaub sterben.

Zu dieser traurigen Bilanz kamen Forscher in einer Studie aus dem Jahr 2015[61].

Aber auch der Gedanke, dass unsere Kinder und Enkel vermehrt in Städten mit schlechter und krankmachender Luft leben werden müssen, ist überhaupt nicht angenehm.

Was hat die Staatengemeinschaft versäumt bzw. falsch gemacht?

Die EU hat erstmals mit der Richtlinie 80/779/EWG vom 15. Juli 1980 verbindliche Grenzwerte für Feinstaub festgelegt.

Die Grenzwerte werden in nahezu allen Großstädten aber immer wieder überschritten.

In den einzelnen Staaten gibt es unterschiedliche Wege, um dem entgegenzuwirken: Umweltzonen, City-Maut, regelmäßige Straßenreinigung, zeitlich beschränkte Fahrverbote, Subventionen für Partikelfilter, Förderung von Biodiesel, Tempolimits auf Autobahnen, Elektrofahrzeuge und ähnliches. Letztlich hat es aber kein Land geschafft, die Grenzwerte immer einzuhalten, da alle Maßnahmen der Gegensteuerung bestimmte Lobbygruppen tangieren und dadurch zu zögerlich eingesetzt werden.

Rechtlich sind die Grenzwerte ein stumpfes Schwert. Grundsätzlich müsste die EU alle Staaten sanktionieren, die die Grenzwerte überschreiten, aber wenn man weiß, dass z.B. Stuttgart bereits im Jahr 2005 als erste deutsche Stadt den Grenzwert zum 35. Mal überschritten hat, sieht man, wie machtlos die EU ist.

---

[61] Quelle: Website von wissen.de (www.wissen.de/dicke-luft-die-dreckigsten-grossstaedte-der-welt)

Was muss auf unserer Agenda für die Jahre 2020 bis 2030 unbedingt stehen?

TOP 29: Das perfide System des "Problemexports" erfolgt nicht nur bei Sondermüll und Plastikabfällen, sondern leider auch bei umweltverschmutzenden und gesundheitsgefährlichen Autos. Deutschland und viele andere reiche Länder haben sich ihrer "Dreckschleudern" einfach dadurch entledigt, dass sie sie ins Ausland exportiert haben. Italien, Österreich und Frankreich sind dankbare Abnehmer für neuere Modelle. Ältere Autos gehen vermehrt in die Ukraine und nach Kroatien[62]. Dort verpesten sie die Luft munter weiter.

Verantwortungsvolle Menschen exportieren ihre Probleme nicht in andere Länder. Sollten daher nicht alle Länder für Diesel-Pkw und -Lkw, die die EU-Grenzwerte für den Feinstaubausstoß nicht einhalten, ein Export- und Importverbot erlassen?

Sofern die "Umweltschädlinge" nicht umgerüstet werden können (Softwareupdate oder Hardware-Nachrüstung) bleibt eigentlich nur die Möglichkeit, sie zu verschrotten, oder?

Wer hat welchen Einfluss auf TOP 29?

	Einfluss gering	mittel	hoch	sehr hoch
Jeder Mensch		■		
Politiker eines Landes			■	■
EU			■	
UN			■	
Global Player		■		
Welt-Institution			■	

---

[62] Quelle: ZEIT online vom 07.08.2018 (https://www.zeit.de/wirtschaft/2018-08/gebrauchtwagen-diesel-ausland-europa-export)

Das System des "Problemexports" könnte eigentlich jedes Land abschaffen. Besser wäre es natürlich, wenn es eine weltweite Regelung durch die UN geben würde. Die Feinstaubprobleme betreffen schließlich auch die ganze Welt.

TOP 30: Die Feinstaubbelastung in den Großstädten ist ein globales Problem das alle Staaten betrifft. Es wird sich in Zukunft noch dadurch verschärfen, dass immer mehr Menschen in Großstädten leben (müssen). Sollten wir daher nicht endlich mit der Kleinstaaterei aufhören und mit einem internationalen Konsortium von Spezialisten Konzepte erarbeiten, die weltweit Anwendung finden? Warum muss jedes Land das Rad neu erfinden?

Wer hat welchen Einfluss auf TOP 30?

	Einfluss gering	mittel	hoch	sehr hoch
Jeder Mensch	■			
Politiker eines Landes		■		
EU			■	
UN			■	
Global Player		■		
Welt-Institution				■

Das System des "Problemexports" ist nur eine der Ursachen für die Feinstaubprobleme. Was wir daher brauchen, ist eine ganzheitliche Betrachtung und eine ganzheitliche Lösung. Ich fürchte, das wird nur eine Welt-Institution schaffen.

Wasser- und Bodenbelastung

Wie können wir mit den natürlichen Ressourcen der Erde besser umgehen?

Derzeitige Situation

Die Oberfläche unseres blauen Planeten Erde ist zu zwei Dritteln mit Wasser bedeckt. Aber 97,5 Prozent des gesamten Wasserhaushaltes sind Salzwasser und nur 2,5 Prozent Süßwasser! Zwei Drittel des Süßwassers wiederum befindet sich als Eis an den Polen und ist daher für uns als Trinkwasser nicht zugänglich. Somit steht uns gerade einmal ein Drittel des weltweiten Süßwasservorrates als Trinkwasser zur Verfügung[63].
Das sind also nur 0,83 Prozent des gesamten Wasserhaushaltes!

---

[63] Quelle: energiesparer.org (https://www.energiesparer.org/wasser/trinkwasser/)

Aber auch das Salzwasser hat eine wichtige Funktion: Die Meere produzieren rund die Hälfte unseres Sauerstoffbedarfs und speichern enorme Mengen CO2.

Greenpeace hat zusammen mit Wissenschaftlern ausgerechnet, dass 30 Prozent der Hochsee unter Schutz gestellt werden müssten, aber derzeit nur 1 Prozent tatsächlich geschützt ist[64].

Ähnliches gilt für die im Verhältnis hauchdünne fruchtbare Oberfläche unseres Planeten. Wir reden von "Mutter Erde" und sehen sie als religiöses Symbol und umweltpolitische Metapher. Aber wie gehen wir damit um? Unser Boden ist nicht nur die Grundlage für Ackerbau und Viehzucht, sondern auch der Hauptkohlenstoffspeicher der Erde. Dadurch ist er ungeheuer wertvoll!

In den letzten 150 Jahren hat die Menschheit die Gesamtfläche der USA und der VR China als landwirtschaftliche Nutzfläche verloren[65]. Bei normalen Böden sind nur die obersten 20 bis 30 Zentimeter fruchtbar. Aber wir tun so, als wäre die Erde unbegrenzt nutzbar und teeren und pflastern riesige Gebiete oder vergeuden wertvolle Böden, indem wir sie durch falsche Landwirtschaft auslaugen.

Ausgebeutete Erde kann kaum CO2 speichern, aber fruchtbares Ackerland kann es und bietet außerdem unsere Lebensgrundlage! Wie konnte es dazu kommen, dass wir seit der Einführung der vermeintlich fortschrittlichen großindustriellen Landwirtschaft so gedankenlos unsere effektivste CO2-Speichermasse reduzieren?!

---

[64] Quelle: Greenpeace Nachrichten

[65] Quelle: Prof. Dr. Michael Braungart (https://www.zukunftsinstitut.de/menschen/tup-autoren/prof-dr-michael-braungart/)

Fast ein Viertel der vom Menschen genutzten Landfläche ist heute durch Erosion geschädigt, wertvolle Böden werden immer weiter überbaut oder durch Eintrag von Giften geschädigt[66].

Diese Zukunft erwartet unsere Kinder und Enkel

In Massenmedien werden immer wieder Wasserkriege, Klimakriege, kalte Kriege um die Ressourcen der Arktis etc. beschworen. Bislang konnten aber Wasserkonflikte nach zähen Aushandlungsprozessen und Vertragsunterzeichnungen erfolgreich reguliert werden. Konfliktfälle haben bisher zu keinen offenen Kriegen geführt, sie tragen aber gleichwohl ein erhebliches künftiges Konfliktpotential in sich[67].

Ähnlich sieht es bei landwirtschaftlichen Flächen aus. Wird der Flächenverbrauch nicht endlich auf ein vernünftiges Maß reduziert und werden nicht endlich Böden als das behandelt, was sie sind - unsere Lebensgrundlage - werden spätestens unsere Enkel nicht mehr wissen, wie schön das Leben in und mit der Natur sein kann.

Künstliche Naherholungsgebiete werden dann die Naturerlebnisse ersetzen müssen, die für uns jetzt noch selbstverständlich sind.

Was haben die EU und die UN versäumt bzw. falsch gemacht?

Die Aufgabe von EU und UN wäre es seit vielen Jahren gewesen, parallel zum steigenden Wohlstand der Industrieländer und der damit verbundenen Schädigung unseres Planeten Sorge dafür zu tragen, dass wir nicht "den Ast, auf dem wir sitzen, selbst absägen".

---

[66] Quelle: Ökosystem Erde (http://www.oekosystem-erde.de/html/bodengefaehrdung.html)

[67] Quelle: Kriege um Wasser – eine übertriebene Befürchtung? Von Hans Gebhardt und Marcus Nüsser

Dies hätte die weltweite Ausbeutung zwar nicht verhindern, aber zumindest begrenzen können. Alleine verantwortlich machen für die negative Entwicklung kann man die UN allerdings nicht. Bekanntlicherweise hat sie nicht die Macht, die einer Weltinstitution, die von immerhin 193 Staaten getragen wird, zukommen müsste.

Was muss auf unserer Agenda für die Jahre 2020 bis 2030 unbedingt stehen?

TOP 31: Sollten die 0,83 Prozent des gesamten Wasserhaushalts der Erde, die uns als Süßwasser zur Verfügung stehen, nicht künftig systematisch geschützt und besser (gerechter) verteilt werden?! Es kann doch nicht sein, dass in einzelnen Städten oder Gebieten Trinkwasser für alle Zwecke unbegrenzt eingesetzt werden darf und in anderen der Bevölkerung sauberes Trinkwasser nicht einmal für den täglichen Lebensbedarf zur Verfügung steht!?

Ein Beispiel:

Professor Brahma Chellaney vom Zentrum für Politikforschung in Neu-Delhi fordert alle Länder, in denen Wasserknappheit herrscht, dazu auf, aus der Produktion wasserintensiver Feldfrüchte auszusteigen[68].

Das ist aber nur ein Punkt. Brauchen wir nicht eine Strategie für die Erde? Ein Wasserproblem haben derzeit zwar nur einzelne Regionen, aber Zukunftsforscher prophezeien, dass die Menschheit im 21. Jahrhundert Kriege um sauberes Wasser erleben wird. Lösen kann man dies nur, wenn man global denkt und eine globale Strategie entwirft.

---

[68] Quelle: alumniportal-deutschland.org (https://www.alumniportal-deutschland.org/global-goals/sdg-06-wasser/trinkwasser-verschwendung/)

Wer hat welchen Einfluss auf TOP 31?

	Einfluss gering	mittel	hoch	sehr hoch
Jeder Mensch	■			
Politiker eines Landes		■		
EU			■	
UN				■
Global Player		■		
Welt-Institution				■

Die einzelnen Staaten können natürlich ihren Teil dazu beitragen, dass sich in ihren Gebieten die Situation verbessert, aber eine globale Strategie müsste eine globale Institution wie die UN entwerfen.

TOP 32: Genauso sorgsam, wie wir künftig mit Trinkwasser umgehen sollten, sollten wir auch das Ackerland behandeln, das die Grundlage für unsere Ernährung darstellt. Haben wir nicht in vielen Ländern schmerzlich festgestellt, dass Monokulturen keine Lösung, sondern nur ein Teil neuer Probleme sind?! Hat die Menschheit nicht eigentlich jahrtausendelange Erfahrung im Ackerbau, die man mit modernen Methoden ökologisch nachhaltig kombinieren könnte?

Wenn wir einen echten Paradigmenwechsel nicht in diesem Jahrzehnt schaffen, sind Verteilungskämpfe um den wenigen verbleibenden fruchtbaren Boden vorprogrammiert.

Wollen wir das wirklich riskieren? Jetzt können wir noch die Weichen stellen und eine weltweite ökologische Landwirtschaft Schritt für Schritt in einem angemessenen Zeitraum, z.B. den nächsten 10 Jahren, einführen.

Wer hat welchen Einfluss auf TOP 32?

	Einfluss gering	mittel	hoch	sehr hoch
Jeder Mensch	■			
Politiker eines Landes		■		
EU			■	
UN				■
Global Player		■		
Welt-Institution				■

Wie bei TOP 31 können die einzelnen Staaten natürlich ihren Teil dazu beitragen, dass sich in ihren Gebieten die Situation verbessert, aber eine globale Strategie müsste eine globale Institution wie die UN entwerfen.

Tier- und Pflanzenwelt

Wie können wir die Artenvielfalt erhalten?

Derzeitige Situation

Die größte der drei Regenwaldregionen der Erde liegt in Amazonien. Die tropischen Regenwälder im Einzugsgebiet des Amazonas erstrecken sich über eine riesige Fläche von 8 Millionen Quadratkilometern. Weit mehr als die Hälfte davon, nämlich 4,9 Millionen Quadratkilometer, entfallen allein auf Brasilien. Danach kommt Peru mit 740.000, Kolumbien mit 600.000 und Bolivien mit 570.000 Quadratkilometern tropischer Regenwälder.

Zum Vergleich: Deutschland hat eine Fläche von 357.000 Quadratkilometern[69].

In Brasilien hat der Naturschutz leider keine hohe Priorität, da das Volk wegen der noch weit verbreiteten Armut andere Sorgen hat

---

[69] Quelle: Faszination Regenwald (http://www.faszination-regenwald.de/infocenter/allgemein/geografie.htm)

und die Regierung unter dem aktuellen Präsidenten Jair Bolsonaro primär wirtschaftliche Interessen vertritt.

Die Entwicklung ist daher dramatisch[70]:

"In Brasilien wird nach einer Erholungsphase wieder massiv der Regenwald zerstört. Der derzeitige Präsident hat einen unseligen Pakt mit Großgrundbesitzern, Holzunternehmern usw. geschlossen und gibt ihnen weitestgehend freie Hand zur Abholzung der Natur. Die Wissenschaftler T. Lovejoy und C. Nobre haben aktuell ermittelt, dass bereits 17% der ursprünglichen Waldfläche verschwunden sind, bei 20% sei der Kipppunkt erreicht. Riesige Wüsten könnten eine Folge sein – und weltweit könnten Dürren aber auch schwere Überschwemmungen zunehmen." (Zitat Ende)

Aber nicht nur der Regenwald ist in Gefahr, weltweit nimmt das Insektensterben immer mehr zu.

Dr. Daniel Lingenhöhl, der Chefredakteur von „Spektrum der Wissenschaft", beschreibt die Situation wie folgt[71]:

„Weltweit mehren sich Hinweise, dass Insekten massenhaft verschwinden. Ihr funktionaler Verlust könnte für die Menschheit noch gravierender sein als der Klimawandel. In einem Artikel titelt die »New York Times« sogar schon davon, dass die »Insektenapokalypse« begonnen habe. Ökosysteme verändern sich mehr oder weniger stark, wenn einzelne Großsäuger oder Vögel verschwinden, doch Insekten haben eine entscheidende funktionelle Bedeutung – gehen sie massenhaft verloren, ändert sich die komplette Umwelt bis hin zu drastischen Folgen für uns Menschen und unsere Lebensgrundlagen". (Zitat Ende)

---

[70] Quelle: Nürnberger Nachrichten, Ausgabe vom 12.03.2018

[71] Quelle: spektrum.de (https://www.spektrum.de/kolumne/der-globale-insektenzusammenbruch/1611020)

Die aktuellste Quelle für die Situation der biologischen Vielfalt ist der „13. Living Planet Report", den der WWF im September 2020 in Berlin vorgestellt hat.

Dem Report zufolge ging der Bestand von Säugetieren, Vögeln, Fischen, Amphibien und Reptilien im Vergleich zu 1970 weltweit im Schnitt um 68 Prozent zurück. Den größten Schwund verzeichnen die Süßwasserarten mit einem Minus von 84 (!) Prozent.

Das sind unglaubliche Zahlen. Zu Recht sagt Christoph Heinrich, Vorstand Naturschutz des WWF: „Wäre der Living Planet Index ein Aktienindex, würde er die größte Panik aller Zeiten auslösen"[72].

Diese Zukunft erwartet unsere Kinder und Enkel
Prinzipiell befürchten Biologen bei einem massenhaften Ausfall der Insekten einen großräumigen ökologischen Kollaps. Blütenpflanzen sterben mangels spezieller oder generalisierter Bestäuber aus, und in der Folge dann auch zahlreiche höhere Tierarten wie Vögel oder Säuger. Kot und Aas häufen sich an und verrotten langsamer, Pilze vermehren sich unkontrolliert, die auf den Zersatz organischer Abfälle spezialisiert sind[53].

Was hat die UN versäumt bzw. falsch gemacht?
Es gibt einige große Gebiete unserer Erde, die nicht nur für die Länder, in deren Hoheitsgebiet sie sich (zufällig) befinden, sondern für die gesamte Menschheit von Bedeutung sind. Das sind zum Beispiel die großen Regenwälder und die Meere.

Greenpeace fasst das so zusammen:
"So sensibel die Meere auf die Klimaveränderungen reagieren, sie gehören gleichzeitig zu unseren wichtigsten Verbündeten im Kampf gegen den Klimawandel. Meere können nämlich das Treibhausgas Kohlendioxid (CO2) in großen Mengen speichern.

---

[72] Quelle: WWF magazin 04.20 Seite 04

Das nutzen mikroskopisch kleine Meeresalgen (Phytoplankton), um daraus mit Hilfe des Sonnenlichts zu wachsen und sich zu vermehren. Dabei produzieren sie mehr als die Hälfte des Sauerstoffs unserer Erde. Intakte Meere wie das Südpolarmeer sind besonders gute CO_2-Speicher, denn kalte Meere entziehen der Atmosphäre mehr Kohlendioxid als warme. Grundsätzlich gilt: Je sauberer die Ozeane, je lebendiger ihre Artenvielfalt, desto mehr Treibhausgase können sie aufnehmen"[73]. (Auszug Ende)

Ich kann meine Frage zum Thema "Klimawandel" nur wiederholen: Das ist ja nichts Neues. Warum hat die UN nicht längst darauf reagiert?

Was muss auf unserer Agenda für die Jahre 2020 bis 2030 unbedingt stehen?

TOP 33: Die UNESCO, eine der 17 rechtlich selbstständigen Sonderorganisationen der Vereinten Nationen, nutzt seit 1978 die Möglichkeit, das "Weltkulturerbe" unter besonderen Schutz zu stellen. Hierunter fallen in erster Linie Baudenkmäler oder ganze Teile von historischen Städten.

Das ist sehr gut, aber wäre es nicht viel wichtiger, die Teile der Natur unter einen besonderen Schutz zu stellen, die für die Menschheit überlebenswichtig sind? Sicher, es gibt bereits eine Liste „Weltnaturerbe", darauf stehen viele Naturschutzgebiete, aber die haben ihren Status in erster Linie wegen schützenswerter Tiere oder Pflanzen erhalten.

Das aktuelle Beispiel des Verhaltens des brasilianischen Präsidenten führt uns drastisch vor Augen, dass die Staatengemeinschaft machtlos ist, wenn ein souveräner Herrscher aus kurzsichtigen wirtschaftlichen Interessen die grüne Lunge unseres Planeten zerstören lässt.

---

[73] Quelle: Greenpeace – Schützt die Meere der Antarktis

Sollten wir daher nicht umgehend die Liste der schützenswerten Naturgebiete um so grundlegende Gebiete wie die weltweiten Regenwälder ergänzen?!

Natürlich müsste die Staatengemeinschaft dann auch für die Kosten des Erhaltens gemeinsam aufkommen und den Ländern, die z.B. Wälder für Holzeinschlag nur noch sehr beschränkt nutzen können, einen finanziellen Ausgleich zahlen.

Wer hat welchen Einfluss auf TOP 33?

	Einfluss gering	mittel	hoch	sehr hoch
Jeder Mensch		■		
Politiker eines Landes			■	
EU			■	
UN				■
Global Player		■		
Welt-Institution				■

Naturschutz kann natürlich auch im Kleinen erfolgen: Jeder, der einen Garten hat, kann entweder Büsche, Bäume und eine Blumenwiese pflanzen oder sich einen Garten mit „dekorativen und pflegeleichten" Schottersteinen anlegen lassen. Letztere Unsitte greift in Deutschlands Neubaugebieten leider immer mehr um sich. Warum eigentlich? Wollen die Menschen nur ein Haus, aber scheuen den Pflegeaufwand eines Gartens?!

Für den Umfang, der für eine Wiederbelebung der Natur weltweit erforderlich ist, brauchen wir allerdings eine weltweite Aktion, die von den Regierungen oder – noch besser – von einer supranationalen Organisation wie der UN gesteuert wird.

TOP 34: Das Insektensterben ist ein vielschichtiges globales Phänomen. In Kulturlandschaften wäre es Aufgabe der Landwirtschaft dafür zu sorgen, dass nicht mehr weitere Grasländer umgepflügt oder in überdüngte und zu oft gemähte Wiesen verwandelt werden.

Mittlerweile sollte allen bekannt sein, dass Pestizide, die Bienen und Hummeln schaden, unbedingt vermieden werden sollten. Gleiches gilt für Glyphosat, das nicht nur für die Menschen, die es ausbringen müssen, gesundheitsschädlich ist, sondern auch Wildkräuter vernichtet und damit die Nahrungsbasis der Insekten auslöscht.

Ein weiterer Aspekt ist die „Verinselung" von Lebensräumen: Brachen, Feldraine und Hecken, über die viele Tierarten von einem Rückzugsort zum nächsten wandern konnten, wurden und werden rücksichtslos zerstört. Isolierte Bestände aber sterben leichter aus. Manche bäuerlichen Lebensräume stehen heute sogar selbst auf der „Roten Liste" wie Streuobstwiesen, die im Umfeld der Dörfer zu Bauland verwandelt oder einfach so aufgegeben werden – dabei gelten sie als eines der artenreichsten Ökosysteme Mitteleuropas.

Die Landwirtschaft allein ist jedoch nicht der Schuldige.

Eine britische Studie zeigte, dass Schmetterlinge in Städten noch schneller verschwanden als auf dem Land. Brachflächen werden hier ebenfalls bebaut, der Verkehr fordert seine Opfer, Grünflächen und Gärten werden mit Pestiziden, Laubbläsern und Mährobotern nahezu klinisch reingehalten, wenn sie nicht gleich einfach zur Kiesfläche umgewandelt werden.

Dazu kommt die allgegenwärtige Lichtverschmutzung, die den Nachthimmel regelrecht leersaugt und Nachtfalter wie andere Insekten jede Nacht millionenfach tötet.

Wir brauchen daher auch in diesem Punkt keine Politik der kleinen Schritte, sondern einen echten Paradigmenwechsel hin zu einer konsequent ökologischen Landbewirtschaftung.

Wer hat welchen Einfluss auf TOP 34?

	Einfluss gering	mittel	hoch	sehr hoch
Jeder Mensch	■			
Politiker eines Landes		■		
EU			■	
UN				■
Global Player		■		
Welt-Institution				■

Eine ökologische Landbewirtschaftung wird im Kleinen schon von vielen Kleinbauern vollzogen. Das ist gut, aber was wir brauchen, ist der „große Wurf". Dazu muss man sich mit skrupellosen Politikern und rein gewinnorientierten Großbauern auseinandersetzen. Das ist für lokale Politiker kaum möglich, hier brauchen wir die Unterstützung der EU oder noch besser der UN.

Kapitel 3
Das globale Gewaltpotential

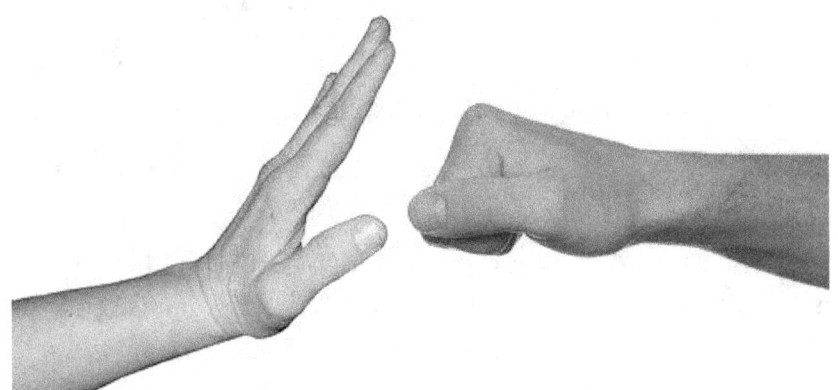

Die atomare Bedrohung

Wird die Nutzung der Atomenergie zur Apokalypse führen?

Derzeitige Situation
Wir alle wissen, dass Atomenergie sowohl zur „sauberen" Energiegewinnung als auch zur „schmutzigen" Kriegsführung eingesetzt werden kann. Das Thema „Nutzung der Atomenergie" muss daher von je her differenziert betrachtet werden,
Seit dem Super-Gau in Tschernobyl im Jahr 1986 begannen die Europäer ernsthaft daran zu zweifeln, dass die Atomenergie die versprochene zukunftsfähige und sichere Energiequelle ist. Aber nach einigen Jahren war wieder alles vergessen...
Erst die Nuklearkatastrophe von Fukushima im März 2011 brachte endlich das Umdenken. Deutschland reagierte - wenn auch relativ träge - mit dem phasenweisen Ausstieg aus der Atomenergienutzung. Weltweit gesehen ist das Thema aber leider alles andere als vom Tisch.

Anders als Deutschland sind die meisten Länder trotz der bekannten Risiken rein aus wirtschaftlichen Gründen nicht bereit, auf die Energie aus der Kernspaltung zu verzichten.

Im Gegenteil: China hat 40 und Russland 26 Kernkraftwerke in Planung, die innerhalb der nächsten acht bis zehn Jahre in Betrieb genommen werden sollen[74].

Weltweit sind derzeit rund 440 Atomreaktoren in Betrieb. Die Hälfte von ihnen nähert sich zwar dem Ende der ursprünglich geplanten Lebenszeit, aber aus politischen Gründen werden etliche von ihnen trotz steigender Risiken wahrscheinlich länger als vorgesehen in Betrieb bleiben.

In vielen Ländern stehen funktionsfähige Reaktoren. Die Negativ-Liste wird angeführt von den USA mit 99 Atomreaktoren. An zweiter Stelle folgt Frankreich mit 58 Kernkraftwerken. Deutschland hat zurzeit noch acht Reaktoren in Betrieb, hier hat die Energiewende bereits begonnen. Da Frankreich aber unser unmittelbarer Nachbar ist, können wir uns nur in einer "Scheinsicherheit" wiegen. Von einem Super-Gau in einem der 58 französischen Kraftwerke wären wir natürlich in Deutschland auch betroffen...

Auch bei den Atomwaffen ist die Welt gespalten:

Ein erster Schritt in die richtige Richtung wurde bereits 1968 unternommen: Im Atomwaffensperrvertrag[75] (Non-Proliferation Treaty/NPT) wird die Nichtverbreitung von Atomwaffen geregelt. Es heißt darin, dass der Besitz von Atomwaffen auf die USA, Russland, Frankreich, Großbritannien und die Volksrepublik China beschränkt bleiben soll. Der Vertrag verbietet es diesen fünf offiziellen Atommächten, Nuklearwaffen, atomwaffenfähiges Material

---

[74] Quelle: Website von statista (https://de.statista.com › Energie & Umwelt › Energie)

[75] Quelle: Website der Bundeszentrale für politische Bildung (https://www.bpb.de/politik/hintergrund-aktuell/202278/eine-welt-ohne-atomwaffen)

und die entsprechende Technologie an andere weiterzugeben. Der Atomwaffensperrvertrag wurde am 1. Juli 1968 von den USA, der Sowjetunion und Großbritannien unterzeichnet und trat 1970 in Kraft. Mittlerweile haben 188 Staaten den Vertrag unterzeichnet, darunter auch die Volksrepublik China und Frankreich (beide 1992). Der Vertrag war zunächst für 25 Jahre gültig. 1995 wurde er auf unbestimmte Zeit verlängert.

Der zweite Schritt wäre der Abbau von Atomwaffen bei diesen offiziellen fünf Atommächten und natürlich auch bei den Staaten, die dem Atomwaffensperrvertrag nicht beigetreten sind, obwohl sie über die Technologie verfügen (Israel, Indien, Pakistan und Nord-Korea).

Nachdem der damalige US-Präsident Ronald Reagan im Jahr 1987 den Endzeit-Katastrophenfilm "The Day After" gesehen hatte, war er für die Initiative Michail Gorbatschows empfänglich, landgestützte atomare Mittelstreckenraketen zu vernichten. Der "INF-Vertrag" sollte eine nukleare Apokalypse verhindern. In der Folge des INF-Abkommens wurden in den Jahren 1991 bis 2010 weitere segensreiche Abrüstungsabkommen möglich.

All das liegt aber jetzt leider in Trümmern. Russland und die USA haben das Abkommen gebrochen bzw. aufgekündigt. Die neue nukleare Großmacht China hat bis jetzt keinerlei Rüstungskontrolle akzeptiert. Ein neues nukleares Wettrüsten hat begonnen!

Das "New-Start-Abkommen" wurde zwar im Jahr 2022 verlängert, aber Russland hat den Vertrag inzwischen ausgesetzt.

Das gleiche gilt für die letzte Bastion vor einem Nuklearkrieg, den "Nichtverbreitungsvertrag" (NPT). 190 Staaten haben ihn im Jahr 1970 unterzeichnet, alle 5 Jahre wird er „bilanziert". Bei letzten Treffen im Jahr 2022 konnten die Teilnehmer kein Einvernehmen erzielen. Diesen Rückschlag für die nukleare Nichtverbreitung und die globale Abrüstungsagenda hat in erster Linie Russland zu verantworten, das sich dem Kompromisstext des Vorsitzes als einziger Staat aufgrund der im Text enthaltenen Sprache zum völkerrechtswidrigen russischen Angriffskrieg gegen die Ukraine verweigerte[76].

Im Juli 2017 gab es einen kurzen Lichtblick[77]:
Dutzende Staaten unterwarfen sich mit der Unterzeichnung eines UN-Vertrags einem Verbot von Atomwaffen. Der Vertrag verbietet den Einsatz von Atomwaffen ebenso wie deren Herstellung, Besitz, Lagerung und Stationierung. Das völkerrechtlich verbindliche Dokument tritt in Kraft, wenn 50 Staaten den Vertrag unterzeichnet haben. Gelten wird er aber nur für die Staaten, die ihn auch ratifizieren. Die Mitglieder der Nato erklärten geschlossen, diesen UN-Atomvertrag abzulehnen. „Solange Atomwaffen existieren, wird die Nato ein nukleares Bündnis bleiben", verlautete das Verteidigungsbündnis in einer in Brüssel veröffentlichten Stellungnahme.
Deutschland ist dem Abkommen übrigens mit der Begründung nicht beigetreten, dass eine Abrüstung nur mit den Nuklearmächten möglich sei.
Was ist das nur für eine Logik?!

Das ist das gleiche, wie wenn manche Menschen sagen: "Wenn eine Problemlösung nur global funktioniert, funktioniert sie nicht". Nach diesem Prinzip würden wir unsere großen Probleme nie lösen können, denn sie sind alle globaler Natur und erfordern zwingend globale Lösungen!

---

[76] Quelle: Auswärtiges Amt, Artikel vom 11.12.2023 (https://www.auswaertiges-amt.de/de/aussenpolitik/sicherheitspolitik/abruestung-ruestungskontrolle/nukleare-abruestung-und-nichtverbreitung/nvv-node)
[77] Quelle: FAZ Ausland (https://www.faz.net/aktuell/politik/ausland/staaten-unterzeichnen-un-vertrag-zum-verbot-von-atomwaffen-15207881.html)

Diese Zukunft erwartet unsere Kinder und Enkel

Solange sich die Atommächte (USA, Russland, Großbritannien, Frankreich, die Volksrepublik China, Indien, Pakistan, Israel und Nordkorea) nicht einig sind, müssen unsere Kinder und Enkel weiterhin mit der nuklearen Bedrohung leben.

Dies sowohl bei der friedlichen Nutzung der Kernenergie (Stichwort: latente Gefahr eines Supergaus und ungelöste Fragen der Endlagerung des Atommülls) als auch bei der Gefahr eines Nuklearkriegs.

Sind die restlichen 186 Staaten der Erde tatsächlich verpflichtet, dies auf Dauer hinzunehmen?!

Was hat die UN versäumt bzw. falsch gemacht?

Nach Tschernobyl und Fukushima hätte die UN - mit immerhin 193 Mitgliedstaaten - die Chance gehabt, die Atomenergie sowohl zur Energiegewinnung als auch für militärische Zwecke zu ächten, denn sie hätte weite Teile der Bevölkerung hinter sich gehabt. Leider wurde das versäumt.

Mittlerweile hat sich das „Fenster" wohl wieder geschlossen.

Dies zeigt, dass man so ein wichtiges globales Thema (Radioaktivität macht nicht vor Landesgrenzen halt) nicht der Entscheidung einzelner Länder überlassen darf.

Was muss auf unserer Agenda für die Jahre 2020 bis 2030 unbedingt stehen?

TOP 35: Die Atomenergie als Energiequelle birgt im Betrieb und in der Entsorgung des Atommülls nachgewiesenermaßen Risiken, die wir derzeit (noch) nicht im Griff haben. Deutschland beweist gerade, dass der Atomausstieg auch in wirtschaftlicher Hinsicht funktionieren kann.

Sollte die UN dies nicht endlich als Blaupause für alle anderen Staaten verwenden und sie dazu anhalten, ihre vorhandenen

Atomkraftwerke möglichst bald stillzulegen und auf Neubauten zu verzichten? Falls sie die Macht dazu nicht hat: Sollten wir ihr sie nicht geben?!

Wer hat welchen Einfluss auf TOP 35?

	Einfluss gering	mittel	hoch	sehr hoch
Jeder Mensch	■			
Politiker eines Landes		■		
EU			■	
UN				■
Global Player		■		
Welt-Institution				■

Um andere Länder davon zu überzeugen, auf die friedliche Nutzung der Atomenergie zu verzichten, nützen – wie die Erfahrung zeigt - gute Argumente herzlich wenig. Es braucht offenbar handfeste finanzielle Anreize. Wer kann dies leisten?
Einzelne Länder nicht, auch die EU wird an ihre Grenzen stoßen. Daher wieder ein Thema für die UN oder eine Welt-Institution.

TOP 36: Die langfristige Entwicklung zeigt, dass sich die Welt in einer atomaren Aufrüstungsspirale befindet, die schnell zu begrenzten und effektiven Nuklearschlägen führen kann. In den 80er-Jahren des letzten Jahrhunderts hat die Angst vor einem Atomkrieg Millionen von Menschen auf die Straße getrieben, letztlich mit dem Erfolg, dass nicht nur Abrüstungsabkommen geschlossen wurden, sondern auch tatsächlich abgerüstet wurde.

Diese Macht des Volkes müssen die Großmächte offenbar wieder spüren, ansonsten wird sich nichts verändern. Brauchen wir daher nicht neben Großdemonstrationen zum Klimawandel auch breit angelegte Kampagnen (auch in den sozialen Medien), um den Rüstungswahn zu beenden?

Derzeit mag mancher seine Vorbehalte gegen atomare Aufrüstung aufgegeben haben, da wir immer wieder lesen und hören, dass wir atomar aufrüsten müssen, um gegen Angriffe Russlands gewappnet zu sein.

Aber ich glaube, das ist der falsche Weg. Ein Stoppen der atomaren Abrüstung birgt nach der Einschätzung namhafter Experten[78] folgende Gefahren:

1. **Gefahr eines Wettrüstens**: Ein Stopp oder eine Umkehr der atomaren Abrüstung könnte ein neues Wettrüsten auslösen, bei dem Länder ihre nuklearen Arsenale weiter ausbauen. Dies würde das Risiko eines nuklearen Konflikts erhöhen und die globale Sicherheit insgesamt gefährden.
2. **Vertrauen und Diplomatie**: Die Fortsetzung der Abrüstung kann als Zeichen guten Willens gesehen werden und dazu beitragen, Vertrauen zwischen den Nationen aufzubauen. Es könnte die internationale Gemeinschaft ermutigen, diplomatische Lösungen für Konflikte zu suchen, anstatt sich auf nukleare Abschreckung zu verlassen.
3. **Humanitäre und ökologische Risiken**: Atomwaffen stellen eine erhebliche Bedrohung für die Menschheit und die Umwelt dar. Ein Stopp der Abrüstung würde diese Risiken weiter verschärfen, insbesondere im Falle eines versehentlichen Einsatzes oder eines Missverständnisses.
4. **Normen und internationales Recht**: Die weltweite atomare Abrüstung ist ein zentrales Ziel des Vertrags über die Nichtverbreitung von Kernwaffen (NVV), der von der Mehrheit der Staaten der Welt unterstützt wird. Ein Stopp der Abrüstung könnte die internationale Nichtverbreitungsnorm schwächen und andere Länder dazu ermutigen, ihre eigenen Atomwaffenprogramme zu starten oder wieder aufzunehmen.

---

[78] Quelle: ChatGPD Stand August 2024

Wer hat welchen Einfluss auf TOP 36?

	Einfluss gering	mittel	hoch	sehr hoch
Jeder Mensch			■	
Politiker eines Landes		■		
EU			■	
UN				■
Global Player		■		
Welt-Institution				■

Jeder von uns kann bei diesem TOP zeigen, dass ihm etwas an einer friedlichen und sicheren Zukunft der Menschheit liegt. Aber weltweite Großdemonstrationen müssen organisiert werden. Wieder eine klassische Aufgabe für eine machtvolle supranationale Organisation oder eine neu zu gründende Welt-Institution.

Kriege, Terror und Waffenhandel

Werden wir irgendwann die Waffenlobby bezwingen?

Derzeitige Situation

Zbigniew Brzeziński, ehemaliger Sicherheitsberater des früheren US-amerikanischen Präsidenten Jimmy Carter, hat die Anzahl der getöteten Kriegsopfer für das 20. Jahrhundert auf 185 Millionen Menschen geschätzt.

Die weltweite Rüstungsindustrie produziert alles, womit man effektiv töten kann. Die Beschäftigten haben dabei auch meist kein schlechtes Gewissen, denn „Waffen können ja auch zur Verteidigung eingesetzt werden". Als "Milliardengeschäft mit dem Tod" wird der Rüstungswettkampf oft bezeichnet[79].

Neueste Zahlen zeigen, dass der weltweite Waffenhandel blüht wie seit 27 Jahren nicht mehr.

Deutschland spielt leider ganz oben mit, wenn es um Waffenproduktion und -exporte geht.

---

[79] Quelle: Orange by Handelsblatt, Ausgabe vom 21. Februar 2017

Alle fünf Jahre misst das Stockholmer Friedensforschungsinstitut „Sipri" die Entwicklung des Waffenhandels[80]. Aude Fleurant, die Direktorin des Sipri-Waffen- und Militärausgabenprogramms, erklärt folgendes:

"Zwischen den Jahren 2012 und 2016 wuchs das Geschäft mit Waffen weltweit um 8,4% im Vergleich zu den fünf Jahren davor. Zu den größten Waffenimporteuren gehören Staaten aus Asien und Nahost. Die Atommacht Indien importierte insgesamt 13% aller Waffen. Saudi-Arabien und Katar folgen. Besonders erschreckend: Saudi-Arabien importiert im Vergleich zu der vorherigen Fünfjahres-Messung des Instituts 212% mehr Waffen. Katar toppt das mit unfassbaren 245% Anstieg. Der Nahe Osten, einschließlich der Türkei, hat insgesamt aufgerüstet. Die Staaten der Region kauften in den vergangenen fünf Jahren 86% mehr Waffen, als in der gleichen Zeit zuvor. Wo kommen die Waffen her? Drei von vier kommen aus diesen fünf Staaten: USA, Russland (gemeinsam 56%), China (6,2%), Frankreich (6%) und Deutschland (5,6%). Die USA versorgen weltweit mindestens 100 Länder mit Waffen – deutlich mehr als jeder andere Zulieferstaat." (Zitat Ende)

Wer aber glaubt, die veröffentlichten erschreckenden Zahlen des Fünfjahreszeitraums bis 2016 hätten die Staaten betroffen gemacht und eine Trendwende bewirkt, irrt sich gewaltig.

Die 100 größten Rüstungskonzerne der Welt haben ihren Umsatz erneut gesteigert: 2018 verkauften sie dem Forschungsinstitut Sipri zufolge Waffen für 420 Milliarden US-Dollar[81].

Die riesige Dimension des Problems "Waffenhandel" zeigt sich besonders, wenn man auswertet, welchen Teil ihres Budgets die Regierungen dieser Welt jedes Jahr in Waffen "investieren".

---

[80] Quelle: Welt.de vom 02.05.2018 (https://www.welt.de/politik/ausland/article175987998/Sipri-Weltweit-wird-mehr-fuer-Ruestung-ausgegeben-am-meisten-in-den-USA.html)

[81] Quelle: Tagesschau.de (https://www.tagesschau.de/wirtschaft/sipri-waffenverkaeufe-103.html)

So hoch waren die Verteidigungshaushalte im Jahr 2016[82] (gerundete Angaben):
- *Deutschland: 41 Milliarden US-Dollar*
- *Russland: 70 Milliarden US-Dollar*
- *China: 226 Milliarden US-Dollar*
- *USA: 606 Milliarden US-Dollar*
- *Alle Staaten der Welt: 1,4 Billionen US-Dollar.*

Und so sah es im Jahr 2023 aus[83]:
- *Deutschland: 67 Milliarden US-Dollar (+ 63%)*
- *Russland: 109 Milliarden US-Dollar (+ 55 %)*
- *China: 296 Milliarden US-Dollar (+ 31 %)*
- *USA: 916 Milliarden US-Dollar (+ 51 %)*
- *Alle Staaten der Welt: 2,4 Billionen US-Dollar (+ 71 %).*

Durch die weltweite Verbreitung von Waffen ist jeder Staat in der Lage, andere Staaten zu bedrohen und selbst kleinere Rebellengruppen können sich so aufrüsten, dass sie ihr ganzes Land in Angst und Schrecken versetzen können.

Warum ist das alles so?

Nahezu jeder Staat geht davon aus, dass er irgendwann von einem anderen Staat bedroht werden könnte und rüstet sich für diesen Fall. Der Weltfrieden muss in der Tat gesichert werden, da die Menschheitsgeschichte leidvoll gezeigt hat, dass wir Menschen alles andere als friedfertig sind. Es ist aber Unsinn, wenn sich jeder gegen jeden maximal bewaffnet. Abschreckungs- und Verteidigungssysteme könnten auch auf einem wesentlich niedrigeren Niveau funktionieren - wenn alle die Abrüstung ernsthaft wollen würden.

---

[82] Quelle: Statista – Das Statistikportal - 2018 (https://de.statista.com/)
[83] Statista – Das Statistikportal – August 2024 (https://de.statista.com/statistik/daten/studie/157935/umfrage/laender-mit-den-hoechsten-militaerausgaben/)

Der Teufelskreislauf muss mit aller Macht durchbrochen werden, damit die vielen Kriege und kriegerischen Handlungen nicht weiter unterstützt werden und die vielen Milliarden der Rüstungshaushalte aller Staaten endlich für sinnvolle friedliche Zwecke verwendet werden können.

Eine offene Wunde der Gesellschaft ist auch der Terrorismus.

Die immer perfider werdende Kriegsmaschinerie macht es auch für einzelne Personen immer einfacher, im großen Stil Menschen umzubringen.

Das heißt, die Rüstungsindustrie unterstützt durch ihr Angebot von High-Tech-Waffen alle Arten von Auseinandersetzungen und wirkt als Katalysator. Diese Spirale nimmt immer mehr zu und ein Ende ist nicht abzusehen.

Dass schnellstmöglich etwas getan werden muss, zeigt nicht nur der steigende Waffeneinsatz in kriegerischen Auseinandersetzungen, sondern auch die vermehrten Anschläge von labilen Menschen mit todbringenden Waffen. Traurige Vorfälle gibt es insbesondere immer wieder in den USA, wo die liberalen Waffengesetzte es fast jedem erlauben, eine High-Tech-Waffe zu kaufen (und zu benutzen).

Abrüstung ist weltweit leider überhaupt kein Thema, im Gegenteil, die USA haben nicht erst seit der Trump-Regierung alle verbündeten Staaten aufgefordert, noch mehr Geld in die Rüstung zu stecken.

Dennoch sind auch die hochgerüsteten Staaten nicht in der Lage, den Weltfrieden zu sichern. Die vergeblichen Anstrengungen in Syrien haben gezeigt, dass selbst die fünf Supermächte im UN-Sicherheitsrat machtlos sind, um einzelne "Schurkenstaaten" in die Schranken zu weisen.

Diese Zukunft erwartet unsere Kinder und Enkel

Vieles spricht dafür, dass unsere Kinder und Kindeskinder in einer Welt leben werden, in der das Wettrüsten noch zunimmt und von den Regierungen immer größere Teile des von der Bevölkerung erwirtschafteten Kapitals in Rüstungsausgaben "investiert" werden.

Von 2005 bis 2023 sind die weltweiten Militärausgaben von 1,4 auf 2,4 Billionen US-Dollar gestiegen. Und es geht weiter und weiter...

Für die Höhe der Rüstungsausgaben wurde sogar ein Zielwert festgesetzt! Zwei Prozent des Bruttoinlandsprodukts (BIP) sollen die Staaten für Verteidigung ausgeben.

Dieses Ziel ist zwar schon alt (es entstand während des NATO-Gipfels im Jahr 2002 in Prag), aber die USA beginnen seit einiger Zeit, einen hohen Druck auf die NATO-Partner aufzubauen.

Wie unsinnig für Europa eine weitere Aufrüstung wäre, sieht man ganz deutlich, wenn man den Wehr-Etat der EU mit dem des "Klassenfeinds" Russland vergleicht. Deutschland und Frankreich zusammen geben jetzt schon mehr für Rüstung aus, als Russland. Welchen Abschreckungseffekt sollte da eine weitere Steigerung noch bringen?

Eine paradoxe Situation, wenn man bedenkt, für wie viele wichtige globale Projekte das Geld fehlt.

Ich denke da an eine kostenlose Schulbildung für jedes Kind, an die Verfügbarkeit von sauberem Wasser für jeden Haushalt, an eine erschwingliche und erreichbare ärztliche Versorgung und und und...

Das sind alles Forderungen, die für uns Europäer ganz selbstverständlich sind. Sie auch für den Rest der Welt zu erreichen, wäre viel wichtiger als neue Soldaten, Panzer und Cruise Missals.

Ein Ende dieser absurden Entwicklung ist leider nicht in Sicht. Im Gegenteil, viele Experten rechnen damit, dass in nicht allzu ferner

Zukunft die Künstliche Intelligenz (KI) die Kriegsführung revolutionieren wird.

„Stell dir vor es ist Krieg und niemand geht hin" war der wohl beliebteste Slogan der Friedensbewegung in der späten 60er-Jahren. Damals konnte man noch die Hoffnung hegen, dass es keinen Krieg mehr gibt, wenn kein Mensch mehr bereit ist, in den Krieg zu ziehen. Bereits damals war es nur ein Hoffnungsschimmer, aber auch der wird endgültig erloschen sein, sobald künstliche Intelligenz (KI) zur Kriegsführung umfassend eingesetzt werden wird.

Das "Handelsblatt" vertritt in dem Artikel "Tödliche Algorithmen - Wie künstliche Intelligenz die Kriegsführung revolutioniert"[84] die Auffassung, dass KI Teil einer technologischen Revolution ist, die unsere Vorstellung vom Krieg völlig verändern wird:

"Der Mensch tötet nicht mehr, er lässt töten. Schwärme von Drohnen, autonome Panzer und andere Fahrzeuge sowie Roboterkrieger sind lernende Maschinen, die selbstständig Ziele suchen und auslöschen können. Schon heute sind sie technisch möglich."

(Zitat Ende)

Machthungrige Politiker wie z.B. Putin, Trump oder Bolsonaro werden immer wieder auf Abschreckung durch Stärke setzen.

Sie werden auch nicht davor zurückschrecken, anderen Ländern ihre Stärke zu beweisen und dadurch immer neue kriegerische Auseinandersetzungen herausfordern.

Georg Escher schreibt in einem Kommentar[85] zum "Zwei-Prozent-Ziel" folgendes:

---

[84] Quelle: Handelsblatt vom 27.09.2018 (https://www.handelsblatt.com/unternehmen/industrie/neue-waffensysteme-toedliche-algorithmen-wie-kuenstliche-intelligenz-die-kriegsfuehrung-revolutioniert/22675868.html?ticket=ST-2605300-2cp14HMS9NCqs6jceXel-ap4)

[85] Quelle: Nürnberger Nachrichten vom 03.09.18

"Die Gleichung "höhere Rüstungsausgaben bedeuten mehr Sicherheit" ist schlichtweg falsch. Islamistische Terrortruppen lassen sich nicht wirklich militärisch besiegen." (Auszug Ende)

Was hat die UN versäumt bzw. falsch gemacht?

Die UN hat es trotz der 193 Mitgliedstaaten nicht geschafft, den Waffenhandel im großen Stil einzudämmen. Viele Konflikte wären weitaus harmloser verlaufen, wenn die Gegner nicht über ein schier unermessliches Reservoir von High-Tech-Waffen verfügt hätten. Da nützen auch die paar „Blauhelme" nichts, die als Alibi-Friedenstruppen in Krisengebiete geschickt werden...

Was muss auf unserer Agenda für die Jahre 2020 bis 2030 unbedingt stehen?

TOP 37: Dass die Regierungen hinsichtlich ihrer Rüstungshaushalte weltweit den Bogen mehr als überspannt haben, sieht man auch an einer ganz einfachen Vergleichsberechnung:

Ende 2015 waren weltweit rund 700 Millionen Menschen von extremer Armut betroffen[86], sie leben in Haushalten mit Einkommen von weniger als 1,90 US-Dollar pro Tag und Kopf.

Hätte man die damaligen weltweiten Rüstungsausgaben von 1,77 Billionen US-Dollar auf 1/3 dieses Betrages beschränkt, wären 1,18 Billionen US-Dollar und damit monatlich rund 98 Milliarden US-Dollar frei geworden. Damit hätten alle diese 700 Millionen Menschen ein bedingungsloses Grundeinkommen von rund 140 US-Dollar monatlich erhalten können. Für westeuropäische Verhältnisse ist das nicht viel, aber für die Ärmsten der Armen wäre das die Grundlage für ein lebenswertes Leben. Und das hätte man jedes Jahr wiederholen können!

---

[86] Quelle: Bundeszentrale für politische Bildung vom 01.07.2017 (http://www.bpb.de/nachschlagen/zahlen-und-fakten/globalisierung/52680/armut)

Alternativ hätte man die monatlich frei werdenden 98 Milliarden US-Dollar auch in die Bildung der 700 Millionen von extremer Armut betroffen Menschen investieren könnten.

Und das Verblüffende an dieser Idee ist:
Eine solche zunächst gravierend klingende Reduzierung der Rüstungsausgaben ist eigentlich gar nicht einschneidend, denn wenn alle Staaten gleichermaßen ihre Ausgaben reduzieren, würde sich das weltweite Kräfteverhältnis überhaupt nicht ändern.

Ist das nicht etwas, das wir schnellstmöglich anstreben sollten?

Viele werden jetzt einwenden:
Aber was ist mit dem russischen Angriffskrieg gegen die Ukraine?! Der hat uns allen doch gezeigt, dass wir Waffen in großen Mengen unbedingt bevorraten müssen.

Ja, für die Unterstützung eines Landes, das von einem anderen grundlos angegriffen wird, braucht man natürlich Waffen.

Aber die Frage ist, welche. Nicht die Menge ist kriegsentscheidend, sondern die Art der Waffen.

Militärexperten sind sich einig[87]:
- Die frühzeitige Lieferung moderner Luftabwehrsysteme hätte die Ukraine möglicherweise besser gegen russische Luftangriffe und Raketen schützen können. Dies hätte zivile Opfer reduziert und kritische Infrastrukturen besser geschützt.
- Frühere Lieferungen von Panzern und Artilleriesystemen hätten es der Ukraine ermöglichen können, russische Vormärsche zu stoppen und sogar Gegenoffensiven durchzuführen, bevor Russland seine Positionen in den besetzten Gebieten konsolidieren konnte.
- Hätte die Ukraine von Beginn an eine größere Anzahl moderner gepanzerter Fahrzeuge und Drohnen erhalten, hätte dies die Mobilität und den Schutz ihrer Streitkräfte verbessert

---

[87] Quelle: ChatGPD Stand August 2024

und ihnen gleichzeitig eine bessere Aufklärung und Angriffsfähigkeit gegeben.

Mein Fazit: Wenn wir durch internationale Abkommen tatsächlich gezwungen sind, wahnsinnig viel Geld für die Bevorratung von militärischer Ausrüstung auszugeben, dann aber bitte nicht für Angriffswaffen, sondern primär für High-Tech-Geräte, die uns und andere Länder vor Angriffen wirksam schützen können.

Wer hat welchen Einfluss auf TOP 37?

	Einfluss gering	mittel	hoch	sehr hoch
Jeder Mensch		■		
Politiker eines Landes		■		
EU			■	
UN				■
Global Player		■		
Welt-Institution				■

Eine „Umlenkung" von Rüstungsausgaben in sinnvollere Zwecke wird national nie funktionieren, da nahezu alle Länder mit anderen Ländern verflochten sind und - auch wenn sie es wollten - in diesem Punkt nicht unabhängig und frei agieren können. Abrüstung funktioniert nur durch bilaterale oder - noch besser - multilaterale Abkommen. Den Willen für ein Abkommen, das wie oben beschrieben wirken würde, gibt es bis heute aber leider nicht. Der offizielle Startschuss müsste auf höchster Ebene, also von der UN oder einer Welt-Institution, erfolgen. Wir Bürgerinnen und Bürger könnten aber der Auslöser sein.

TOP 38: Kriegs-Roboter im Verbund mit KI können dazu führen, dass mehr Kriege geführt werden, da die Hemmschwelle niedriger wird (es müssen keine Menschen mehr eingesetzt werden und Menschen erleben die furchtbaren Folgen ihres Waffeneinsatzes nicht direkt). Jetzt stehen wir noch am Anfang dieser Entwicklung. Sollten wir daher nicht jetzt schon an diesen Fall denken und nach dem Vorbild der Genfer Konvention für Menschenrechte im Falle eines Krieges eine Konvention für die Grenzen des Einsatzes von KI-Robotern in Kriegen erarbeiten?

Der Wissenschaftsjournalist, Physiker und Moderator Ranga Yogeshwar scheint diese Auffassung zu teilen, denn er schreibt in seinem Buch "Nächste Ausfahrt Zukunft" zu KI folgendes[88]:

„Kein Zweifel – diese Maschinen sind faszinierend, doch – und darin liegt eine gewisse Ironie – wir Menschen verstehen nicht genau, wie sie funktionieren. Legitimiert die unbestrittene Leistungsfähigkeit dieser Systeme auch deren Einsatz im Alltag? Darf ein Rechtssystem Algorithmen einsetzen, um zum Beispiel potenzielle Gefährder zu identifizieren, wenn die Grammatik dieser Systeme im Unklaren bleibt? Dürfen wir akzeptieren, dass in dieser Bilanz vielleicht tatsächlich mehr potentielle Straftäter herausgesiebt werden, doch dafür auch Unschuldige im Netz der Verdächtigungen hängenbleiben? Dürfen wir das fundamentale Prinzip der Kausalität – immerhin die Basis unserer aufgeklärten Gesellschaft – zu Gunsten eines scheinbar potenteren Korrelationsdenkens opfern?" (Auszug Ende)

Wer hat welchen Einfluss auf TOP 38?

	Einfluss gering	mittel	hoch	sehr hoch
Jeder Mensch	■			
Politiker eines Landes		■		
EU			■	
UN				■
Global Player		■		
Welt-Institution				■

---

[88] Quelle: Ranga Yogeshwar, Nächste Ausfahrt Zukunft (https://yogeshwar.de/?p=2177)

Im Koalitionsvertrag von CDU, CSU und SPD aus dem Jahr 2018 steht eine zukunftsweisende Aussage[89]:

„Autonome Waffensysteme, die der Verfügung des Menschen entzogen sind, lehnen wir ab. Wir wollen sie weltweit ächten".

Das ist lobenswert, aber wir alle wissen, wie begrenzt der Einfluss Deutschlands auf die Großmächte ist. Was die Welt braucht, ist eine völkerrechtliche Ächtung von Kriegs-Robotern im Verbund mit KI. Wieder eine Aufgabe für die UN oder eine machtvolle Welt-Institution.

---

[89] Siehe „XII. Deutschlands Verantwortung für Frieden, Freiheit und Sicherheit in der Welt"

Flucht und Vertreibung

Wie können wir künftig gigantische Flüchtlingsströme vermeiden?

Derzeitige Situation

Flucht und Vertreibung gibt es seit es die Menschheit gibt. Aber seit Ende des 20. Jahrhunderts haben sich aber die Flüchtlingsbewegungen globalisiert. Zwar bilden kriegerische Konflikte weiterhin oftmals die Ursache, doch zunehmend spielen auch andere Gründe eine Rolle, warum Menschen ihre Heimat verlassen: Armut, Hunger, Umweltkatastrophen und fehlende Lebensperspektiven. Trotz der wachsenden Hilfsangebote von verschiedenen Seiten hat sich die Lage für Flüchtlinge im neuen Jahrtausend nicht verbessert. Im Sudan leben z.B. 900.000 Flüchtlinge in Lagern. Laut einem Bericht der Vereinten Nationen waren Mitte 2015 weltweit circa 60 Millionen Menschen auf der Flucht[90].

---

[90] Quelle: Website von planet wissen (https://www.planet-wissen.de/geschichte/menschenrechte/fluechtlinge/)

Und diese Situation hat sich nicht verbessert, im Gegenteil: Laut dem aktuellen „Global Trends Report" vom UNHCR waren Ende 2023 weltweit über 117 Millionen Menschen auf der Flucht.

Die Staatengemeinschaft hat es offenbar immer noch nicht geschafft, die Fluchtursachen durch konzertierte Aktionen wirksam zu bekämpfen.

Nun müsste man meinen, dass Flucht ein Thema ist, das alle Länder angeht, aber so ist es beileibe nicht.

Es gibt Länder mit einer humanen und Länder mit einer weniger humanen Einstellung. Im September 2015 hatte die EU die Umverteilung von 160.000 Flüchtlingen vereinbart, Griechenland und Italien sollten damit entlastet werden. Finnland hat die meisten aufgenommen, zwölf Länder drückten sich: Die Länder Osteuropas wehrten sich gegen die in Europa vereinbarte Quotenregelung. Griechenland, Italien und Ungarn sind von der Quote befreit. Großbritannien und Dänemark beteiligen sich nicht an der EU-Asylpolitik[91].

Ist es nicht beängstigend, dass es sogar innerhalb der EU Länder gibt, die partout Menschenrechte mit Füßen treten? Warum bekommen solche Länder weiterhin EU-Fördergelder?

Die Aufnahme der Flüchtlinge ist das eine, wichtiger ist aber die Bekämpfung der Fluchtursachen. Nur dadurch kann vermieden werden, dass sich die Welt einem nie endenden Flüchtlingsstrom gegenüber sehen wird. Hier gibt es zwar auch gute Aktivitäten einzelner Länder, es fehlt aber eine gemeinsame Weltstrategie.

---

[91] Quelle: WELT (https://www.welt.de/politik/ausland/article151706915/Diese-Laender-haben-bisher-keinen-Fluechtling-aufgenommen.html)

Diese Zukunft erwartet unsere Kinder und Enkel

Flucht und Vertreibung werden zunehmen und für unsere Kinder und Kindeskinder noch sehr viel stärker als für unsere Generation ein Thema sein. Wir haben es in der Hand, ob sie dadurch gefordert oder überfordert werden. Derzeit können sich einzelne Länder noch weigern, Flüchtlinge aufzunehmen. Wenn die 2 Grad-Grenze überschritten ist, werden sie einfach überrannt werden.

Was hat die EU versäumt bzw. falsch gemacht?

Die EU hat auf der ganzen Linie versagt, als sie es zuließ, dass das Mittelmeer seit 2011 zur tödlichsten Grenze der Welt wurde. Es ist unglaublich, dass im 21. Jahrhundert die grundlegenden Menschenrechte so verletzt wurden und immer noch werden. Anstelle von tödlichen Grenzgebieten brauchen wir legale Fluchtwege aus Krisenregionen in Afrika oder dem Nahen und Mittleren Osten!

Was hat die UN versäumt bzw. falsch gemacht?

Flucht und Vertreibung haben immer tiefergehende Ursachen. Oft sind es narzisstische und skrupellose Herrscher, die ihr Volk leiden lassen, um sich und ihre Familie zu bereichern.

Das läuft nicht im geheimen, wir alle kennen solche Beispiele aus den letzten Jahrzehnten zur Genüge. In vielen Ländern auf der ganzen Welt gibt es Diktatoren, die ihre Bevölkerung ausbeuten und einsperren oder sogar ermorden lassen. Belarus, Syrien, Nordkorea, Simbabwe, Usbekistan, Sudan, Äquatorialguinea und Eritrea sind hier nur einige Beispiele.

Dennoch schafft es die UN nicht, der leidenden Bevölkerung zu helfen. Dies obwohl bekannt ist, dass viele Despoten, die Menschenrechte verletzten, einlenken, wenn man ihnen ihre Handelsprivilegien entzieht.

Was muss auf unserer Agenda für die Jahre 2020 bis 2030 unbedingt stehen?

TOP 39: Die Ursachen von Flucht und Vertreibung sind vielfältig, aber je nach Land eindeutig identifizierbar. Dennoch beschäftigt sich die Staatengemeinschaft mehr mit den Flüchtlingen als mit den Fluchtursachen.

Das erinnert mich an das Gesundheitswesen in Deutschland und vielen anderen Staaten: Für die Behandlung von Krankheiten werden Milliarden ausgegeben, aber Vorsorgeuntersuchungen und präventiv wirkende Medikamente muss man meist selbst bezahlen, auch wenn sie nachweislich vor Krankheiten schützen.

Sollten wir den Druck durch den Klimawandel nicht endlich nutzen, um das ganze System neu auszurichten? Auf der Basis eines globalen Plans zur Herstellung von lebenswerten Bedingungen (politisch, wirtschaftlich und bezüglich der Natur) in den derzeit benachteiligten Ländern könnten wir erreichen, dass kein Mensch mehr aus politischen oder wirtschaftlichen Gründen flüchten muss. Wenn die Staatengemeinschaft gemeinsam agiert, können auch Diktatoren kaltgestellt werden!

Wer hat welchen Einfluss auf TOP 39?

	Einfluss gering	mittel	hoch	sehr hoch
Jeder Mensch	■			
Politiker eines Landes		■		
EU			■	
UN				■
Global Player		■		
Welt-Institution				■

Viele Industrienationen bemühen sich - auch aus eigenem Interesse - die Ursachen von Flucht und Vertreibung zu bekämpfen. Aber was fehlt, ist eine gemeinsame Strategie, die die derzeitigen punktuellen Eingriffe durch Entwicklungshilfe wirksam und nachhaltig ersetzt. Hier sind supranationale Einrichtungen wie die UN oder eine Welt-Institution gefordert.

Kapitel 4
Weltpolitik

Bevölkerungsentwicklung

Müssen wir uns auf eine "Bevölkerungsexplosion" einstellen?

So ist unsere derzeitige Situation

Derzeit leben auf unserem Planeten rund 8,2 Milliarden Menschen. Pro Sekunde nimmt die Weltbevölkerung um ca. 2,5 Menschen zu[92]. Das liegt daran, dass die Kindersterblichkeit kontinuierlich abnimmt und die Lebenserwartung der Menschheit ständig steigt. Außerdem gibt es weniger große Kriege und keine großen Epidemien (selbst die derzeitige weltweite Corona-Pandemie wird die Weltbevölkerung kaum spürbar reduzieren).

Dies klingt alles sehr gut, wo liegen dann die Probleme?

Dass wir auf unserem Planeten naturgemäß nur ein begrenztes Platzangebot haben, ist wohl nicht das große Problem, denn die "Megacities" (Städte mit mehr als 10 Millionen Einwohnern) zeigen uns, wie anpassungsfähig der Mensch sein kann.

---

[92] Quelle: Weltbevölkerungsuhr (https://countrymeters.info/de/World)

Hier haben viele kein Haus, auch keine richtige Wohnung, sondern leben auf wenigen Quadratmetern. Nach der Datenbank des „United Nations Department of Economic and Social Affairs" (UN DESA) gab es im Jahr 2018 weltweit schon 33 Megacities. Fast eine halbe Milliarde Menschen leben also derzeit in solchen Städten.

Ein Problem dürfte aber werden, wie man mit den naturgemäß begrenzten Ressourcen der Erde immer mehr Menschen ernähren kann. Gleiches gilt für die Ressource "Wasser".

Äußerst problematisch wird sich sicher auch der Umstand auswirken, dass mehr Menschen grundsätzlich auch mehr Energie verbrauchen und mehr CO_2 und Feinstaub produzieren. Das läuft genau gegen das für die Menschheit überlebenswichtige Erfordernis, den CO_2-Ausstoß und die Feinstaubbelastung drastisch zu reduzieren.

Diese Zukunft erwartet unsere Kinder und Enkel

Noch vor wenigen Jahren hat die Bevölkerungsabteilung der UN geschätzt, dass die Weltbevölkerung bis 2030 auf rund 8 Milliarden Menschen anwachsen wird. Jetzt im Jahr 2024 haben wir diese magische Grenze schon deutlich überschritten (siehe oben). Wird ein längerer Zeitraum betrachtet, wirken sich die unterschiedlichen Annahmen zur künftigen Geburtenhäufigkeit immer stärker aus: Eine rechnerische Differenz von einem Kind pro Frau führt bis zum Jahr 2060 zu Bevölkerungszahlen zwischen 8,7 und 11,9 Milliarden. Die UN rechnet daher mit einer niedrigen, einer mittleren und einer hohen Berechnungsvariante[93]. Welche Variante die richtige ist, weiß derzeit natürlich noch niemand.

Während in Deutschland die Bevölkerung stetig abnehmen wird, erwartet die UN für Afrika hohe Zuwächse.

---

[93] Quelle: UN DESA (http://www.bpb.de/52699)

Das liegt daran, dass die Geburtenrate in Afrika noch lange hoch bleiben wird, während sie im Rest der Welt schon deutlich zurückgeht. Laut der UN-Prognose werden im Jahr 2050 z.B. in Ägypten fast 50% mehr Menschen leben als jetzt.

Der schwedische Wissenschaftler und Zukunftsforscher Hans Rosling mag absolut nicht von einer "Bevölkerungsexplosion" sprechen. Er prognostiziert ein moderates Wachstum infolge eines weltweiten Geburtenrückgangs. Den Rückgang begründet er mit dem steigenden Bildungsniveau, z.B. in Afrika.

Das erscheint plausibel, aber ich glaube, es gibt noch einen weiteren und langfristig wesentlich gravierenderen Grund, der dazu führen wird, dass die Menschheit nicht mehr wie bisher zunehmen wird:

Forscher stellten im Jahr 2017 anhand eines systematischen Reviews[94] mit einer Meta-Regressionsanalyse anhand von 185 Studien fest, dass die Zeugungsfähigkeit der Männer in den Industriestaaten extrem abnimmt. Die Konzentration von Spermien pro Milliliter Sperma ist bei Männern aus Nordamerika, Europa, Australien und Neuseeland zwischen 1973 und 2011 um insgesamt 52,4 Prozent gesunken. Bis heute wissen die Wissenschaftler immer noch nicht, woran es liegt und was man dagegen tun kann. Gut, in einer Welt in der sowieso schon zu viele Menschen leben, ist das sogar ganz hilfreich, aber was ist, wenn es eines Tages überhaupt keine natürliche Empfängnis mehr gibt?

Der renommierte deutsche Wissenschaftler Prof. Harald Lesch sieht das anders. Er befürchtet den Kollaps der Menschheit durch Überbevölkerung:

"Das Bevölkerungswachstum verhält sich wie ein rasender Zug, selbst bei Vollbremsung kommt er nur langsam zum stehen".

---

[94] Quelle: aerzteblatt.de (https://www.aerzteblatt.de/nachrichten/77209/Spermienzahl-sinkt-vor-allem-in-westlichen-Laendern)

Eine Hoffnung setzt er paradoxerweise auf die "Megacities". In solchen Städten gingen die Geburten deutlich stärker zurück als auf dem Land. Er bezeichnet sie als "selbstorganisierte ungeplante Bevölkerungsbremsen".

Der Trend der Verstädterung wird sich nach der Prognose der UN DESA weiter fortsetzen: Im Jahr 2030 werden voraussichtlich zwei Drittel aller Menschen in Städten leben. Am schnellsten schreite die Urbanisierung in Entwicklungs- und Schwellenländern voran[95].

Was muss auf unserer Agenda für die Jahre 2020 bis 2030 unbedingt stehen?

TOP 40: Selbst wenn nur die "mittlere Berechnungsvariante" der UN eintreten sollte und im Jahr 2060 über 2,5 Milliarden mehr Menschen auf der Erde leben wollten, würde das unser Planet nicht verkraften, wenn wir uns so verhalten wie bisher. Einen Planet B haben wir nicht. Aber was tun?

Die lange Zeit als gute Lösung angesehene "Ein-Kind-Politik" Chinas hat sich als zweischneidiges Schwert erwiesen[96]. Außer den Spannungen durch die Zwangsausführung hat sie auch andere soziale Probleme erzeugt. Das bekannteste Problem ist – vor allem in den Städten – die Entstehung einer Generation von Einzelkindern, die besonders von ihren Eltern und Großeltern verwöhnt werden und so wenig Sozialkompetenz entwickeln können (wir kennen es als das Problem der „Helikoptereltern"). Das zweite Problem ist die Überalterung der Gesellschaft.

Viele seriöse Wissenschaftler glauben, dass der Weg über mehr Gleichberechtigung und mehr Bildung erfolgversprechender ist:

---

[95] Quelle: Harald Lesch "Die Menschheit schafft sich ab" (https://www.amazon.de/Die-Menschheit-schafft-sich-Anthropoz%C3%A4n/dp/3831204241)
[96] Quelle: Wikipedia (https://de.wikipedia.org/wiki/Ein-Kind-Politik)

Familien mit einem höheren Bildungsniveau in Gesellschaften, in denen junge Frauen gleichermaßen wie junge Männer eine volkswirtschaftliche Zukunft haben, werden automatisch nicht mehr den Wunsch bzw. Zwang zu einer großen Familie verspüren.

Ein ergänzender Lösungsansatz könnte sein, dass wir mit steigender Bevölkerungszahl anders konsumieren. Und zwar so, dass der CO_2-Ausstoß nicht proportional ansteigt, sondern sogar sinkt. Sozusagen das Bevölkerungswachstum kompensiert.

Wäre es daher nicht sinnvoll, wenn wir das Knowhow der namhaftesten Wissenschaftler dieses Planeten (Ethnologen, Philosophen, Mediziner usw.) bündeln würden, um eine globale Strategie zu entwickeln, wie die Menschheit mit einem gravierenden Bevölkerungsanstieg umgehen kann?! Jetzt, am Anfang des zweiten Jahrzehnts wäre noch Zeit, um die Weichen für die Mitte des 21. Jahrhunderts zu stellen.

Wer hat welchen Einfluss auf TOP 40?

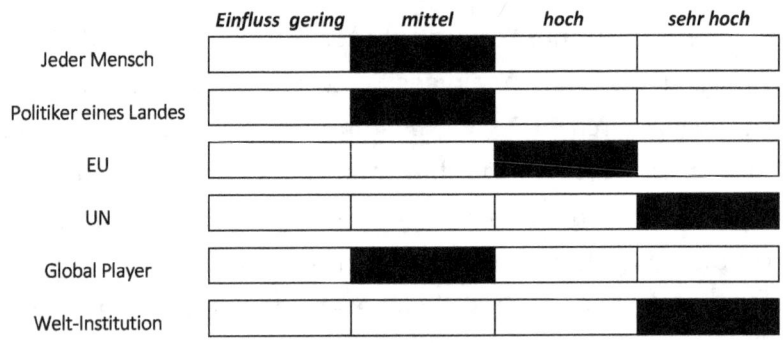

Eine globale Strategie kann nur eine globale Institution entwickeln. Bei diesem TOP ist daher wieder die UN oder eine Welt-Institution gefordert.

TOP 41: Empfängnisverhütung ist nicht nur eine "technische" Frage. Bei vielen Menschen, gerade in Afrika, kommt sie aus Glaubensgründen nicht in Frage, obwohl die Bereitschaft dafür grundsätzlich bestehen würde.

Sollte die Staatengemeinschaft daher nicht sofort in Verhandlungen mit dem Vatikan treten, damit das päpstliche Verbot der Empfängnisverhütung schnellstmöglich fällt? Gerade in Ländern wie Afrika sind großangelegte Kampagnen zur Verbreitung von Verhütungsmitteln nur erfolgreich, wenn sie von der Kirche unterstützt werden!

Wer hat welchen Einfluss auf TOP 41?

	Einfluss gering	mittel	hoch	sehr hoch
Jeder Mensch	■			
Politiker eines Landes		■		
EU			■	
UN				■
Global Player		■		
Welt-Institution				■

Verhandlungen mit dem Vatikan müssen auf höchster Ebene erfolgen. Auch bei diesem TOP ist daher wieder die UN gefordert.

TOP 42: Es gibt noch eine weitere - ganz natürliche - Möglichkeit, das Bevölkerungswachstum zu begrenzen: Die Adoption von Kindern anstelle der Geburt eigener Kinder. Zahlenmäßig spielt dieses Thema derzeit fast keine Rolle, aber aus moralisch-ethischer Sicht ist es immens wichtig. Es gibt auf der ganzen Welt, insbesondere in Afrika und Indien, Millionen von Kindern, die ohne ihre leiblichen Eltern aufwachsen müssen, sei es weil die Eltern krank oder verstorben sind, wirtschaftlich nicht in der Lage sind, Kinder aufzuziehen oder die Kinder ungewollt sind (vorwiegend Mädchen) und daher in ein Heim abgeschoben werden. Da es andererseits auf der ganzen Welt viele Eltern gibt, die gerne ein Kind adoptieren würden, müsste man meinen, dass kaum ein Kind in ein Heim muss.

Leider ist es aber so, dass die gesetzlichen Hürden, ein Kind zu adoptieren, in fast allen Ländern immens hoch sind. In gewisser Weise ist das auch berechtigt, um Kindesmissbrauch zu verhindern, aber andererseits führt es dazu, dass die Adoptionsquoten verschwindend gering sind.

In ganz Deutschland wurden z.B. im Jahr 2016 weniger als 4.000 Kinder adoptiert[97]. Dagegen lebten fast 100.000 Kinder in Heimen[98].

Sicher gibt es viele Pflegefamilien und gute Heime wie die SOS-Kinderdörfer, aber beides kann nicht die Qualität einer Adoption haben. Sollten wir daher in Zeiten einer drohenden "Bevölkerungsexplosion" nicht auch daran denken, die Hürden für eine Adoption weltweit abzubauen? Es gibt jetzt schon junge Familien, die eigene Kinder haben könnten, sich aber bewusst für eine Adoption entscheiden, weil sie einem benachteiligten Kind eine Zukunft geben möchte. Ich glaube, dass dies angesichts der Bevölkerungsentwicklung ein neuer Trend werden könnte, den die Politik unterstützen sollte!

---

[97] Quelle: Statista (https://de.statista.com/statistik/daten/studie/237/umfrage/adoptierte-kinder-und-jugendliche/)

[98] Quelle: Spiegel online (https://www.spiegel.de/panorama/gesellschaft/heimkinder-zahl-in-deutschland-waechst-seit-jahren-stark-an-a-1207610.html)

Wer hat welchen Einfluss auf TOP 42?

	Einfluss gering	mittel	hoch	sehr hoch
Jeder Mensch	■			
Politiker eines Landes			■	
EU			■	
UN				■
Global Player		■		
Welt-Institution				■

Die Hürden für eine Adoption abzubauen beginnt natürlich erstmal in jedem Land für seine Bürgerinnen und Bürger. Aber viele Eltern möchten gerade Kinder aus Entwicklungsländern adoptieren, weil sie wissen, dass solche Kinder ansonsten keine Chance auf ein lebenswertes Leben haben. Wir brauchen also auch in diesem Punkt eine möglichst weltweite Strategie durch die UN.

Nationale Politik als Problemursache

Muss unser System der autonomen Nationalstaaten in Zeiten der Globalisierung angepasst werden?

Derzeitige Situation

Durch die politischen, wirtschaftlichen und gesundheitlichen Ereignisse in den letzten 20 bis 30 Jahren bin ich zur festen Überzeugung gelangt, dass die Zeit reif ist, unser System der autonomen Nationalstaaten zu überdenken und an die Herausforderungen, die durch die Globalisierung entstanden sind, anzupassen.

Nationale Politik muss es natürlich weiterhin geben, denn sie hat die Aufgabe, für die Bevölkerung des eigenen Landes Rahmenbedingungen zu schaffen, unter denen es sich "gut leben lässt". Dazu gehören Meinungsfreiheit, Chancengleichheit, Gerechtigkeit und ähnliches.

Globale Politik hat dagegen die Lebensbedingungen auf unserem Planeten im Fokus.

Hier geht es um die sinnvolle und gerechte Nutzung der grundsätzlichen Ressourcen der Erde (Wasser, Luft, Boden, Wälder usw.) und die Lebensbedingungen für alle Menschen, egal unter welchen günstigen oder ungünstigen Voraussetzungen sie geboren wurden.

Globale Probleme entstehen, wenn einzelne Staaten primär nur ihre eigenen Interessen verfolgen und dadurch die schützenswerten Belange der Erde negativ beeinflussen. In der Geschichte der Menschheit haben wir dies leider oft erlebt: Einzelne Staaten haben die natürlichen Ressourcen der Erde schonungslos ausgebeutet, ohne auf Nachhaltigkeit zu achten.

Aktuelles Beispiel sind die USA, die durch ihren CO_2-Ausstoß gravierend zum Klimawandel beitragen, aber nicht bereit sind, an der Lösung des Problems entsprechend mitzuarbeiten.

Oder Brasilien, wo aus kurzsichtigen wirtschaftlichen Erwägungen seit vielen Jahren große Teile des Regenwaldes gerodet werden, obwohl bekannt ist, dass das Weltklima darunter stark leidet.

Oder China, wo immer noch Braunkohle in riesigen Mengen verfeuert wird, obwohl auch dort bekannt ist, dass Braunkohle der „Klimakiller" Nummer 1 ist.

Nun wäre das alles nicht so schlimm, wenn wir eine Weltregierung hätten, die solche Entwicklungen erkennt, auf die betroffenen Staaten einwirkt und sie an ihre Verantwortung für die Erde erinnert (notfalls mit Hilfe von Sanktionen, die alle anderen Länder unterstützen). Aber das haben wir leider nicht.

Die UN sind zwar genau für diesen Zweck gegründet worden, haben es aber nicht geschafft, sich entsprechend machtvoll aufzustellen. Es werden zwar immer wieder Beschlüsse getroffen, die in diese Richtung gehen sollen, aber sie entfalten keine Wirkung, weil die Verbindlichkeit fehlt oder ein mächtiger Staat sein Veto einlegt.

Werden autoritäre Regime die Oberhand bekommen?

Ein besonderes Thema ist die neue Stärke der rechtspopulistischen Parteien. Deren politische "Konzepte" sind meist sehr einseitig und nationalistisch ausgerichtet. Anderseits halte ich es für bedenklich, wenn sich in Deutschland etablierte Parteien weigern, mit der rechtspopulistischen AfD im Bundestag zusammenzuarbeiten. Das Problem ist nicht die AfD – diese Partei wurde demokratisch gewählt und hat daher das Recht wie alle anderen Parteien gehört zu werden – sondern die fast 6 Millionen Menschen, die bei der Bundestagswahl im Jahr 2017 die AfD gewählt haben. Da müssten die etablierten Parteien ansetzen und sich Gedanken machen, was sie falsch gemacht haben, wenn Bürgerinnen und Bürger so eine Partei als echte Alternative sehen. Im Regelfall haben Versäumnisse in ihrer Politik dazu geführt, dass die Menschen sich so entschieden haben.

Für die Menschen in Europa ist die Demokratie die "normale" Staatsform. Sie hat ihren Ursprung im antiken Griechenland. Allerdings haben damals die Bürger nicht nur Gesetze beschlossen, sondern auch die Einhaltung überwacht und streng über jene geurteilt, die sich nicht an die Gesetze hielten. In einer modernen Demokratie hingegen gibt es eine so genannte Gewaltenteilung. Das heißt, dass diese Bereiche aufgegliedert sind in Legislative, Exekutive und Judikative. Dieses System hat sich bewährt, da es eine zusätzliche Überprüfung der erlassenen Gesetze beinhaltet. Weltweit betrachtet ist die moderne Demokratie aber keineswegs die "normale" Staatsform.

Die englische Zeitschrift "The Economist" berechnet seit dem Jahre 2006 einen Index, der den Grad der Realisierung von Demokratie in 167 Ländern misst, den sogenannten "Demokratieindex" (Democracy Index).

Innerhalb dieses Indexes wird zwischen zwei Demokratietypen und zwei Regimetypen unterschieden: Vollständige Demokratien, unvollständige Demokratien, Hybridregime (Mischformen aus Autokratie und Demokratie) und autoritäre Regime.

Vollständige Demokratien gibt es danach nur in 20 Ländern (4,5% der Weltbevölkerung), unvollständige Demokratien in 55 Ländern (43,2%), Hybridregime in 39 Ländern (16,7%) und autoritäre Regime in 53 Ländern (35,6%). Die Länder mit einer Demokratie wie wir sie z.B. in Deutschland kennen, sind also weltweit gesehen nur eine sehr kleine Gruppe. Im Nahen Osten und in Nordafrika sind die meisten autoritären Regime zu finden.

Diese Informationen helfen, um die weltpolitische Situation im Jahr 2019/2020 besser zu verstehen.

Die ZEIT online bringt es in einem Artikel vom 19.03.2019 auf den Punkt (Auszug):

"Schon vor Putins Besetzung der Krim fiel das Verhältnis zwischen dem Westen und Moskau aufs Neue in einen Abgrund des Misstrauens und der geopolitischen Rivalität. Nach Chinas rasantem wirtschaftlichem Aufstieg ist die ehrgeizige Pekinger Führungselite nun mit dem ökonomischen Gewicht der Volksrepublik in die Weltpolitik eingetreten und bietet den Autoritären rund um den Globus gleichzeitig das Modell eines Kapitalismus ohne Demokratie an. Der dschihadistische Terror bedrohte die gesamte zivilisierte Welt und die Zerwürfnisse in Nah- und Mittelost haben zig Millionen Flüchtlinge außer Landes geführt, viele von ihnen bis zu uns nach Europa. Die Globalisierung destabilisierte die Gesell-

schaften in den westlichen Industriestaaten und führte gleichzeitig dazu, dass die Konflikte in den fernsten Erdteilen unmittelbar auf uns durchschlagen". (Ende des Auszugs)

Wenn man dann ergänzend betrachtet, dass die EU als Zusammenschluss der wichtigsten Staaten Europas zunehmend ihre Bedeutung verliert, kann einem Angst und Bange werden:

Großbritannien ist aus der EU ausgetreten und osteuropäische Staaten wie Polen und Ungarn verlieren mehr und mehr das demokratische Fundament der EU und können daher nur noch als "unvollständige Demokratien" bezeichnet werden. Und es gibt auch noch unseren ehemaligen großen Bruder, die USA, die unter Führung von Donald Trump immer mehr "Stärke" zeigt. Drohgebärden wegen vermeintlich unzulänglicher Rüstungsausgaben der anderen NATO-Mitglieder, Einfuhrzölle wegen Exportüberschüssen und verbale Attacken wegen angeblich antiamerikanischer Äußerungen sind die Folge. Auch unter dem neugewählten demokratischen Präsidenten Joe Biden wird diese Entwicklung (wenn auch gehemmt) wohl weitergehen.

Von der nach dem 2. Weltkrieg entstandenen starken Partnerschaft war unter dem Präsidenten Donald Trump nichts mehr zu spüren. Man hatte sogar das Gefühl, dass seine Politik darauf ausgerichtet war, möglichst alles im Alleingang machen zu wollen. Joe Biden als sein designierter Nachfolger gibt zwar grundsätzlich Grund zur Hoffnung, aber eine Kehrtwende wird auch er nicht anstreben (können).

Wann werden wir die richtigen Dinge richtig fördern?

Staatliche Subventionen haben den Sinn, dass sie der Förderung der Wirtschaft dienen sollen. Die Wirtschaft wiederum hat den Sinn, die Bedürfnisse der Bevölkerung zu befriedigen.
Daraus folgt, dass die Subventionspolitik ein übergeordnetes sinnvolles Ziel zum Wohle der Gemeinschaft haben muss und sich ändern muss, wenn sich die Gesellschaft ändert.
Seit vielen Jahren stellen sich engagierte Bürgerinnen und Bürger folgende Fragen:

- Warum wird das Benzin, das viele von uns brauchen, um mit dem Auto zu ihrem Arbeitsplatz zu kommen, extrem hoch besteuert (65,45 Cent Mineralölsteuer je Liter Benzin), während gleichzeitig für Flugbenzin, das überwiegend nur für Urlaubsreisen verbraucht wird, keine Steuern anfallen? Alleine die fehlende Kerosinsteuer bedeutet für Deutschland klimaschädlichen Subventionen von rund 10 Milliarden Euro pro Jahr[99].
- Warum wird Diesel geringer besteuert als Benzin, obwohl doch mittlerweile Einvernehmen darin besteht, dass der Dieselmotor keine Zukunft mehr hat? Alleine in Deutschland erfordert das pro Jahr rund 8 Milliarden Euro an klimaschädlichen Subventionen[54].
- Warum wird Umweltverschmutzung staatlich subventioniert, indem das in der Schifffahrt eingesetzte Schweröl nicht besteuert wird?
- Warum beträgt die Mehrwertsteuer auf das gesundheitsschädliche „Genussmittel" Tabak nur 7%, während für einige gesunde Grundnahrungsmittel 19% anfallen?

---

[99] Quelle: Bund Naturschutz, Interview mit Richard Mergner in den Nürnberger Nachrichten vom 12.09.2019

Das sind Fragen, auf die kein Politiker eine vernünftige Antwort geben kann. Wenn die demokratischen Parteien es nicht bald schaffen, diese und ähnliche Steuer- bzw. Subventionsungerechtigkeiten abzuschaffen, werden rechte Parteien dies zu ihrem Programm machen und immer mehr Zulauf bekommen.

Entwickelt sich unser System der politischen Parteien durch die Globalisierung von der Lösung zum Problem?

Politische Parteien haben die Aufgabe, den Wählerwillen zu repräsentieren, politische Lösungen zu erarbeiten und sie im Sinne der Wähler umzusetzen. Da es naturgemäß viele unterschiedliche Möglichkeiten gibt, ein Land zu regieren bzw. Probleme zu lösen, ist auch die Parteienlandschaft sehr vielfältig.

Theoretisch also gut gemeint. Aber wohin führt das in der Praxis? Die Parteien müssen sich um möglichst viele Wähler bemühen, damit sie eine möglichst machtvolle Position im Parlament erreichen. Bei diesem "Wahlkampf" geht es primär um Absichtserklärungen und Versprechen. Das ist zunächst verständlich, schließlich weiß man ja auch noch nicht, was man nach der erfolgreichen Wahl tatsächlich erreichen kann. Aber eines ist eindeutig: Es geht darum, das eigene Land voranzubringen und dadurch die Stärke der Partei zu demonstrieren.

Hier liegt das Problem. Zu Zeiten der "Vor-Globalisierung" war diese Einstellung noch einigermaßen in Ordnung. Jede Regierung versuchte, ihre Stellung gegenüber den Nachbarländern oder innerhalb von Handelsgemeinschaften wie der EU zu stärken. Dadurch wurde der Wohlstand der eigenen Bevölkerung - und natürlich auch die Wiederwahl - gesichert.

Jetzt in Zeiten der Globalisierung von Waren und Daten ist dies allerdings absolut kontraproduktiv. Die alte Welt existiert nicht mehr, aber man tut so, als gäbe es sie noch.

Beispiele sind die "Klimapakete" der deutschen Bundesregierung vom 2019 und 2023. Von einem „großen Wurf" wie die Ampel-Regierung gerne spricht, kann keine Rede sein. Es handelt sich bestenfalls um „Klimapäckchen".

Jeder der Beteiligten - die Spitzenpolitiker der großen Koalition - weiß, dass der Klimawandel einschneidende Veränderungen erfordert, da ansonsten keine Chance mehr besteht, um die in Paris fest vereinbarten Klimaziele zu erreichen.

Aber statt global zu denken und zu handeln, einigt man sich auf den kleinsten gemeinsamen Nenner, der für Deutschland "politisch machbar" ist.

Erforderlich gewesen wären Weichenstellungen, die für Deutschland Maßstäbe setzen und in Absprache mit der EU und möglichst sogar der UN global wirken.

Warum ging das nicht? Weil unser politisches System so konstruiert ist, dass die deutschen Politiker nur an Deutschland denken dürfen!

Jedes Land steht in wirtschaftlicher Konkurrenz zu jedem anderen Land, jedes Unternehmen versucht sich gegenüber allen anderen Konkurrenzunternehmen zu behaupten.

Richtig, es gibt auch Ausnahmen, aber dennoch ist das das Prinzip einer Marktwirtschaft. Man kann das natürlich auch positiv sehen: "Konkurrenz belebt das Geschäft".

Mir kommt das aber so vor, wie wenn in einem Team monatlich nur eine/einer ein Gehalt bekommen dürfte und alle jeden Monat darum kämpfen müssen, wer das ist.

Diese Zukunft erwartet unsere Kinder und Enkel

Viele Menschen in den derzeitigen Entwicklungsländern wollen auch wie wir moderne Technik wie z.B. Autos, Fernsehgeräte, Smartphones, Stereoanlagen usw. nutzen. Die benötigen aber nicht nur Strom, sondern verbrauchen zu ihrer Herstellung auch diverse Metalle und Mineralien. So könnte es in den kommenden Jahrzehnten Engpässe bei Lithium (für Batterien), Tantal (für Handys) und anderen Elementen geben, von denen viele Verbraucher wohl noch nie gehört haben. In den Industrieländern aber wird der Trend zum Besitz abnehmen. Viele Menschen werden damit zufrieden sein, wenn sie ein Produkt zeitweilig nutzen können. Gerade in den "Mega-Cities" wird Besitz in vielen Fällen aus Platzgründen gar nicht mehr möglich sein. Für das eigene Auto fehlt die Garage oder der Stellplatz. Für eine große Sitzgarnitur fehlt der Platz in der Wohnung. Für Sportgeräte fehlt die Garage oder die Abstellkammer.

So angenehm die hohe Exportleistung Deutschlands für die Wirtschaft und damit für das Wirtschaftswachstum ist, so gefährlich ist dies für die politische Situation. Wie die aktuelle Konfrontation mit den USA hinsichtlich der Handelszölle zeigt, wird Deutschland dadurch erpressbar. Um die hohen Exporte nicht zu gefährden, werden politische Zugeständnisse gemacht, wie z.B. aktuell der Boykott des Iran.

Hier kann man es wirklich erleben: Nicht Vernunft, sondern Geld regiert die Welt! Deutschland macht sich dadurch zum Vasallen der mächtigeren Staaten.

Ein Szenario für 2025 lautet:

Donald Trump wird nach Joe Biden nochmals für vier Jahre gewählt. Durch diesen Sieg wird er dann wirklich größenwahnsinnig. Er wird dann ganz offen erklären, dass die USA unter seiner Führung die Weltherrschaft erreichen will - und mittelfristig auch wird. Das Verhältnis zu Russland wird auf einem Tiefpunkt angekommen sein, aber Trump wird dies als Argument nutzen, um die USA immer mehr aufzurüsten. Noch geht es ihm angeblich nur um Stärke durch Abschreckung. China wird der einzige Staat sein, der den USA Paroli bieten kann. Die Supermächte USA und China werden dann die Weltpolitik praktisch ohne Rücksicht auf die anderen Staaten bestimmen. Im Jahr 2019 hatte sich im Fall Saudi-Arabiens bereits abgezeichnet, dass im Zweifel wirtschaftlichen Beziehungen der Vorrang vor Menschenrechten eingeräumt wird und dies wird dann von Jahr zu Jahr schlimmer werden.

Ein Horror-Szenario. Aber vielleicht kommt es ganz anders und gemäßigte Politiker können sich langfristig durchsetzen.

Die Kandidatur der derzeitigen Vizepräsidentin Kamala Harris anstelle des betagten Joe Biden gibt allen demokratisch denkenden Menschen große Hoffnung.

Wir leben aber dennoch in einer Welt, in der autoritäre Regime wissen, dass ihr menschenverachtendes Verhalten von der Staatengemeinschaft toleriert und nicht sanktioniert wird, sofern wichtige wirtschaftliche Beziehungen davon abhängen.

Was hat die EU versäumt bzw. falsch gemacht?

Die EU präsentiert sich nicht als starker Zusammenschluss der europäischen Staaten, sondern hat sich immer weiter zerstritten. Die Regierungen von Polen, Italien und Ungarn werden von rechtspopulistischen Parteien dominiert.

Das hat dazu geführt, dass Beschlüsse nur noch selten einstimmig erfolgen können und die Handlungsfähigkeit der EU stark begrenzt ist. International ist der Einfluss der EU dadurch deutlich zurückgegangen.

Was hat die UN versäumt bzw. falsch gemacht?

Viele Bevölkerungen dieser Welt müssen unter diktatorischen und/oder korrupten Herrschern leiden. An der Spitze von sehr mächtigen Staaten sitzen Männer, die uns täglich zeigen, dass sie unbeherrscht, skrupellos und eine Bedrohung für den Weltfrieden sind. Die Staatengemeinschaft in Form der UN könnte und müsste hier eingreifen, aber es hat sich gezeigt, dass entsprechende Beschlüsse durch das sogenannte Vetorecht der fünf ständigen Mitglieder des UN-Sicherheitsrates in kritischen Fällen verhindert werden. Auch die UN als Zusammenschluss von immerhin 193 Staaten ist daher nicht in der Lage, ein politisches Gleichgewicht auf der Welt herzustellen und den Frieden zu sichern. Sie hat es leider noch nicht geschafft, sich zu einer Art "Weltregierung" weiterzuentwickeln. Dadurch gibt es weiterhin halbherzige Beschlüsse, aber die großen Weichen für die Zukunft der Menschheit werden nicht gestellt.

Was muss auf unserer Agenda für die Jahre 2020 bis 2030 unbedingt stehen?

TOP 43: Die Menschheit steht derzeit an einem Wendepunkt: Wir müssen in den nächsten 10 Jahren beweisen, dass wir globalen Herausforderungen wie dem Klimawandel, der Bevölkerungsexplosion, dem Artensterben, der atomaren Bedrohung usw. wirksam begegnen können. Da genügt es nicht mehr, wenn jedes Land unkoordiniert sein Bestes gibt. Für globale Probleme brauchen wir globale Lösungen.

Das System der nationalen Parteien und Regierungen steht sich dabei selbst im Weg. Solange jede Regierung es als ihre oberste Pflicht sieht, alles zu tun, damit ihr Land möglichst gut dasteht, kann die Welt den globalen Herausforderungen nicht wirksam begegnen. Eine zentrale Frage wird auch sein, wie wir es als Staatengemeinschaft schaffen, autoritäre Regime, die die Menschenrechte mit Füßen treten, in die Schranken zu weisen. Noch stehen wir am Anfang einer beängstigenden Entwicklung und es kann z.B. durch wirtschaftliche Sanktionen der erforderliche Druck in Richtung Demokratie aufbaut werden. Aber wird das so bleiben? Sollten wir daher nicht endlich darüber nachdenken, wie wir eine kompetente und mächtige Institution ins Leben rufen können, die sich wirksam um unsere globalen Probleme kümmert?

Wer hat welchen Einfluss auf TOP 43?

	Einfluss gering	mittel	hoch	sehr hoch
Jeder Mensch		■		
Politiker eines Landes			■	
EU			■	
UN			■	
Global Player			■	
Welt-Institution				

Eine Institution, die mächtiger als die UN ist, kann nur ins Leben gerufen werden, wenn sich viele dafür engagieren: Weitsichtige Politiker, einflussreiche Persönlichkeiten des öffentlichen Lebens, gut informierte und engagierte Bevölkerung, öffentliche Medien und Vorstände von großen Unternehmen. Der Anstoß kann von der Basis – also von uns Allen – kommen.

TOP 44: Der indisch-amerikanische Politikwissenschaftler Parag Khanna ist der Meinung, dass die Demokratie ein Update braucht, um weiterhin effektives Regieren garantieren zu können. Derzeit schwäche sie sich selbst und ebne dadurch Populisten den Weg. Die große Herausforderung sei die Komplexität der Politik und ihrer Strukturen. Die Lösung des Problems liege in einer „direkten Technokratie" - einem Mix aus der Schweiz und Singapur. Die Regierung müsse mittels technologischer Möglichkeiten im ständigen Austausch mit der Bevölkerung stehen und darauf basierend ihre Politik gestalten. Davon könnten andere Länder noch viel lernen. Sollten wir diese interessanten Gedanken nicht weiterverfolgen?!

Wer hat welchen Einfluss auf TOP 44?

	Einfluss gering	mittel	hoch	sehr hoch
Jeder Mensch				■
Politiker eines Landes		■		
EU			■	
UN			■	
Global Player		■		
Welt-Institution				■

Die Einführung einer „direkten Technokratie" ist nicht gerade einfach. Die regierenden Parteien müssten über ihren Schatten springen und ihre Macht mehr mit der Bevölkerung teilen. Für so einen Paradigmenwechsel braucht es daher eine massive Bewegung aus der Bevölkerung heraus oder/und eine massive Unterstützung „von oben" durch eine Welt-Institution.

TOP 45: Vor dem Hintergrund der guten Erfahrungen, die wir Europäer mit der Demokratie gemacht haben, stellt sich die Frage, wie wir die Weichen dafür stellen können, dass sich der Anteil von vollständigen Demokratien weltweit erhöht. Die Demokratie ist sicher nicht perfekt, aber wie Winston Churchill schon gesagt hat: *"Die Demokratie ist die schlechteste aller Staatsformen, ausgenommen alle anderen".*

Wie wäre es, wenn wir - wesentlicher intensiver als bisher - anderen Ländern, dafür, dass sie sich in Richtung Demokratie entwickeln, wirtschaftliche Vorteile versprechen?

Handelsbeziehungen waren oft der Schlüssel für die Entwicklung von Menschenrechten.

Wer hat welchen Einfluss auf TOP 45?

	Einfluss gering	mittel	hoch	sehr hoch
Jeder Mensch			■	
Politiker eines Landes		■		
EU			■	
UN			■	
Global Player		■		
Welt-Institution			■	

Ein erster Schritt wäre es, wenn wir alle die bereits bestehenden Bewegungen, wie z.B. die NGO „Mehr Demokratie"[100], unterstützen würden. „Mehr Demokratie" ist die größte Nichtregierungsorganisation für direkte Demokratie weltweit. Sie ist überparteilich und gemeinnützig. Durchgeführt wurden und werden Kampagnen, Beratung, wissenschaftliche Auswertung und Gesetzentwürfe zu Demokratiethemen.

---

[100] Homepage: https://www.mehr-demokratie.de/ueber-uns/profil/

Der globale Handel

Wird der Handel künftig von einer Handvoll Konzernen beherrscht werden?

Derzeitige Situation

Die "WELT" brachte es bereits im Jahr 2016 in einem Leitartikel auf den Punkt[101]:

"Vier Technologie-Konzerne beherrschen die globale Ökonomie. Sie sind erfolgreich, mächtig und unberechenbar. Ihr Einfluss reicht inzwischen so weit, dass sie ein Risiko für die Welt geworden sind. Die Macht, die die Welt beherrscht, hat weder Panzer noch Soldaten. GAFA regiert nicht mit Waffen, GAFA regiert mit Geld. Mit Billionen und Aberbillionen Dollar. Mit Summen, höher als die Wirtschaftsleistung mancher Staaten."

---

[101] Quelle: Artikel "Die gefährliche Dominanz der großen Vier", veröffentlicht online in "WELT" am 10.01.2016 (https://www.welt.de/finanzen/article150809163/Die-gefaehrliche-Dominanz-der-grossen-Vier.html)

Der Zirkel besteht aus vier Unternehmen, die sich von Start-ups zu globalen Giganten aufgeschwungen haben: Google, Apple, Facebook und Amazon.

GAFA. So lautet die Kurzform für das Quartett, erfunden von der Europäischen Union. Die vier amerikanischen Internetunternehmen besitzen einen Marktwert von 1,7 Billionen Dollar – das entspricht in etwa dem Bruttoinlandsprodukt der einstigen Supermacht Russland. Diese schiere Größe ist zu einem Risiko für die Welt geworden". (Zitat Ende)

Im CORONA-Jahr 2020 hat sich diese Situation noch mehr zugespitzt: Lineare Geschäftsmodelle wie Ölfirmen und Banken beinhalten 28% der wertvollsten Unternehmen der Welt und Plattformunternehmen wie die vier oben genannten 72%.

Im Jahr 2010 war das noch genau umgekehrt: Lineare Geschäftsmodelle hielten 80% und Plattformunternehmen 20% (gemessen am Börsenwert).

Die Branchenriesen sind mittlerweile APPLE, Microsoft, Amazon, Alphabet (einschl. Google) und Facebook. Alles amerikanische Unternehmen! Europa kann hier außer dem deutschen Softwarekonzern SAP nichts bieten[102].

Durch weitere weltweite Pandemien, auf die wir uns leider einstellen müssen, wird diese Vormachtstellung noch zunehmen. Von jedem „Lock down" profitieren primär die online-Händler und es wird in Zukunft leider regelmäßig ähnliche Phasen geben, an denen das öffentliche Leben eingeschränkt ist.

Aber nicht nur diese Tech-Giganten sind ein Problem.

---

[102] Quelle: Platform Economy (https://www.platformeconomy.com/blog/wert-der-top-100-plattformen-steigt-auf-12-6-billionen-dollar)

Nach einer neuen Studie des Internationalen Währungsfonds (IWF) gibt es eine ähnliche Machtkonzentration auch im zivilen Luftverkehr, bei den Medien und in der Pharmaindustrie.

Ein Konzern, dessen Name kaum jemand kennt, macht es besonders "schlau": Der gigantische US-Agrarkonzern "Cargill" mit einem Umsatz von über 107 Milliarden US-Dollar im Jahr 2016 und 177 Milliarden (!) im Jahr 2023 hat keine Produkte, die wir Endverbraucher kaufen können, sondern beliefert Ketten wie McDonald's, Burger King, ALDI, EDEKA, Walmart, Unilever, Nestle, Kellog's usw. Die Umweltschutzorganisation "Mighty Earth" recherchiert seit Jahren zu Unternehmen, die Regenwälder roden, die Menschenrechte missachten und die Umwelt verschmutzen und bezeichnet Cargill als das "schlimmste Unternehmen der Welt"[103].

Diese Zukunft erwartet unsere Kinder und Enkel

Der Trend, dass sich die wirtschaftliche Macht auf wenige "Globalplayer" konzentriert, wird sich nach meiner Einschätzung fortsetzen. Amazon zum Beispiel wird irgendwann nicht nur der weltweit größte Versandhändler für herkömmliche Waren sein, sondern wird auch kleinere Konkurrenten auf allen anderen Gebieten "schlucken":

Wer Arzneimittel braucht, wird sie bei Amazon bestellen, wer eine Versicherung braucht, wird sie bei Amazon abschließen, wer ein Auto braucht, wird bei Amazon fündig werden...

Die Auswirkungen für den normalen Handel werden extrem sein: Es wird kaum noch den Fachhandel mit realen Läden geben. Nur riesige Einkaufszentren an den Stadträndern werden überleben, aber auch diese werden überwiegend von Giganten wie Amazon beliefert werden.

---

[103] Quelle: NOIZZ und Spiegel online (https://noizz.de/wissen/cargill-ist-laut-mighty-earth-studie-das-schlimmste-unternehmen-der-welt/td32glr)

Aber auch Dienstleister werden die Konkurrenz deutlich spüren: Wer Rechtsberatung braucht, wird sie über Amazon erhalten, wer ein Buch veröffentlichen will, wird dies über Amazon machen, wer eine Wohnung oder ein Haus kaufen, verkaufen, mieten oder vermieten will, wird Amazon einschalten und und und ...

Bei internationalen Handelsstreitigkeiten über Zölle und Subventionen gibt es seit der Gründung der Welthandelsorganisation (WT) ein anerkanntes Verfahren zur Streitschlichtung. Diesem Verfahren droht jetzt ein Stillstand: die USA blockieren seit Jahren die Ernennung neuer Berufungsrichter.

Der Präsident des Bundesverbands der Deutschen Industrie, Dieter Kempf, sieht hierin eine fatale Entwicklung[104]: *"Die USA drohen, dem Welthandelssystem das Kronjuwel zu rauben"*.

Er warnte mit Blick auf Zollkonflikte etwa zwischen den USA und China vor einer Umwälzung des internationalen Handels.

"Das überwunden geglaubte Recht des Stärkeren verdrängt zunehmend die Stärke des Rechts."

Die Folge seien unkalkulierbare Handelskonflikte und starke Auswirkungen auf globale Wertschöpfungsketten und Zukunftsinvestitionen.

Was hat die EU versäumt bzw. falsch gemacht?

Die EU hätte durch ihre Subventionspolitik die Möglichkeit, steuernd sinnvoll in den Markt einzugreifen. Aber was tut sie? Sie betreibt seit Jahren in vielen Bereichen unsinnige Agrarsubventionen, die sich desaströs auf ganze Kontinente auswirken.

Der politische Analyst für Afrika, Prinz Asfa-Wossen Asserate, bringt es auf den Punkt:

---

[104] Quelle: RND (https://www.rnd.de/wirtschaft/blockade-der-wto-droht-hiobsbotschaft-fur-deutsche-wirtschaft-7N3TOFB6RXQYH3YYSR7XWL5TIY.html)

"Die EU ruiniert mit ihrer skandalösen Handels- und Landwirtschaftspolitik Kleinbauern in Afrika"[105].

Afrika leide z.B. darunter, dass milliardenschwere EU-Zuschüsse Hähnchenschenkel aus Europa so billig machen, dass sie nur mehr die Hälfte im Vergleich zu afrikanischem Hühnerfleisch kosten. Italienische Tomatenmark-Billigkonserven verdrängten heimische Produkte aus Ghana.

Die Folgen seien katastrophal: Viele Tomaten-Bauern müssten ihre Landwirtschaft aufgeben und als billige Arbeitskräfte nach Italien gehen. Rund 46.000 Afrikaner seien dort in der Landwirtschaft eingesetzt, sagt Asserate. Sie ernten Tomaten, die dann in ihre ghanaische Heimat exportiert werden. *"Es sind Italiens neue Sklaven. So entsteht Armutsmigration"*, sagt der politische Analyst. So betreibt die EU auch mit Hilfe von deutschen Steuergeldern genau das Gegenteil einer global ausgewogenen Strategie. Ein Skandal!

Was muss auf unserer Agenda für die Jahre 2020 bis 2030 unbedingt stehen?

TOP 46: Der Trend zur wirtschaftlichen Machtkonzentration hat auch Vorteile, weil viele Produkte dadurch für uns Verbraucher billiger werden. Er führt aber mit Sicherheit mittelfristig dazu, dass wir diesen Giganten ausgeliefert sind, weil der normale Wettbewerb immer mehr fehlt. Soll das wirklich unsere Zukunft sein? Die Möglichkeiten, diese Entwicklung zu ändern, sind leider begrenzt.

Theoretisch haben wir alle es als Verbraucher in der Hand, denn wir entscheiden wo und was wir kaufen.

Eine denkbare Lösung wäre, dass weite Teile der Bevölkerung einen nachhaltigen Bewusstseinwandel durchleben, der sie weg

---

[105] Quelle: Interview mit A.-W. Asserate in den Nürnberger Nachrichten vom 20.11.2019

von der Konsumgesellschaft und hin zu Ökologie und Nachhaltigkeit führt.

Das ist ein gangbarer Weg, aber im großen Stil kaum zu erwarten, da die Bevölkerung in Befragungen dem zwar zustimmt, in der Praxis dann aber doch oftmals Kostengründe den Ausschlag geben: Trotz des theoretisch vorhandenen Problembewusstseins werden Wurst und Fleisch dann doch nicht beim Metzger, sondern im Supermarkt gekauft.

Wir brauchen daher eine Steuerung „von oben": Wirksam wäre nach meiner Einschätzung nur eine Regulierung der Giganten durch mächtige Staatenverbünde wie z.B. die UN.

Sollten wir daher nicht entweder der UN mehr Macht zubilligen oder eine neue Welt-Institution ins Leben rufen, die für solche globalen Probleme zuständig ist?!

Wer hat welchen Einfluss auf TOP 46?

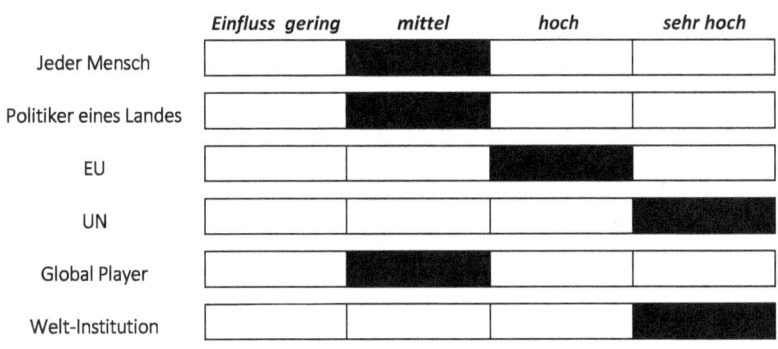

Sowohl der UN mehr Macht zuzubilligen als auch eine neue Welt-Institution ins Leben rufen, die für unsere globalen Probleme zuständig ist, würde die gesamte Gesellschaft extrem fordern, aber der Aufwand würde sich lohnen (vgl. TOP 5)!

Agrarkolonialismus

Werden die grundlegenden Ressourcen der Erde bald in den Händen weniger Staaten/Unternehmen liegen?

Derzeitige Situation

Das politisch und finanziell unabhängige Nachrichtenmagazin "Hintergrund" beschrieb bereits im Jahr 2009 folgende beängstigende Situation[106]:

"Einer der großen Kämpfe des 21. Jahrhunderts wird um die Ernährungsgüter ausgefochten werden. Ab dem Frühjahr 2008 entschieden sich besonders die Staaten mit wachsenden Wirtschafts- und Bevölkerungszahlen, Reserven anzulegen, indem sie fruchtbare Flächen im Ausland aufkauften – Agrarland, das sie selbst nicht besitzen. Zur gleichen Zeit kauften auch Spekulanten immer mehr Agrarflächen, um mit ihnen Geschäfte zu machen.

---

[106] Quelle: Nachrichtenmagazin "Hintergrund" (https://www.hintergrund.de/politik/welt/der-neue-agrarkolonialismus/)

Der US-Milliardär George Soros setzt auf Agrartreibstoffe und hat Landflächen in Argentinien erworben. Eine schwedische Unternehmensgruppe hat eine halbe Million Hektar in Russland gekauft und der russische Hedge-Fonds Renaissance Capital 300.000 Hektar in der Ukraine. Die britische Landkom erstand 100.000 Hektar Agrarland in der Ukraine, während sich das US-Bankhaus Morgan Stanley und die agroindustrielle Louis-Dreyfus-Gruppe aus Frankreich mit zehntausenden Hektar in Brasilien eindeckten. Das sind nur einige Beispiele. Die größten Ankäufer von Land weltweit sind Staaten, die über Petrodollar oder weitreichende Devisenreserven verfügen. An der Spitze dieser Gruppe steht Südkorea mit 2,30 Millionen Hektar Bodeneigentum im Ausland. Es folgen China (2,09 Millionen), Saudi Arabien (1,61 Millionen), die Vereinigten Arabischen Emirate (1,28 Millionen) und Japan (324.000 Hektar). Die Gesamtfläche des aufgekauften Agrarlandes im Ausland beläuft sich auf rund acht Millionen Hektar. In dünn besiedelten Staaten befinden sich mitunter ganze Regionen unter ausländischer Kontrolle, weil die entsprechenden Regierungen willens sind, einen Teil der nationalen Souveränität zu veräußern.
Bei dem Wettlauf um Agrarflächen steht China unter dem größten Handlungsdruck. Die Führung der Volksrepublik muss 1,4 Milliarden Münder stopfen, verfügt aber nur über sieben Prozent der global vorhandenen fruchtbaren Flächen.
Die Übereignung von Boden geht in der Regel mit der Enteignung von Kleinproduzenten in den ländlichen Gebieten und einer Zunahme der Spekulation einher, die Vernichtung von Waldgebieten nicht zu vergessen. Ein Hektar Wald kann vier- bis fünftausend US-Dollar Erlös bringen, wenn es für den Anbau von Ölpalmen benutzt wird – zehn bis 15 Mal mehr als durch den Verkauf von Holz. Das erklärt, warum die natürlichen Wälder im Amazonasgebiet, im Kongo-Becken oder in Borneo großflächig durch Plantagen ersetzt werden.

All dies ist nichts anderes als die Rückkehr verhasster kolonialer Praktiken, es ist eine Zeitbombe. Denn das Ziel der ausländischen Staaten ist es, mit importierten Billigarbeitskräften die Ressourcen aus anderen Ländern zu ziehen – wie es China tut. Die betroffenen Staaten profitieren von diesem Engagement nicht".
(Auszug Ende)

Eine Entwicklung, die einem Angst machen kann! Und leider hat sich seit dem Jahr 2009 nichts verbessert, im Gegenteil, der Agrarkolonialismus nimmt stetig zu!

Und das fatale an der Situation ist: Länder wie China sind zugleich die größte Hoffnung und die größte Bedrohung für die Zukunft unserer Erde.

Ein aktuelles Beispiel:

Das gigantische Projekt "Die neue Seidenstraße" wird vom chinesischen Präsidenten als "Straße des Friedens, der Öffnung, der grünen Entwicklung und Innovation und der Verbindung zwischen unterschiedlichen Zivilisationen" verkauft. Für viele afrikanische Länder wird dies auch tatsächlich zu einem enormen Aufschwung führen, aber der große wirtschaftliche - und auch militärische - Nutznießer wird China bleiben. Zwei Drittel der Weltbevölkerung sind bereits jetzt in dieses Projekt eingebunden, das die globale Macht Chinas festigen wird, denn viele Staaten haben sich bei China hoffnungslos verschuldet. Die Wissenschaftler des Washingtoner Zentrums für globale Entwicklung (CGD)[107], identifizierten im Jahr 2018 bereits acht Staaten, die "in ein hohes Risiko laufen, auf der Grundlage der Projektfinanzierung in Rückzahlungsschwierigkeiten zu kommen".

---

[107] Quelle: Wikipedia (https://de.wikipedia.org/wiki/Center_for_Global_Development)

Diese Zukunft erwartet unsere Kinder und Enkel

Man braucht kein Prophet zu sein, um vorherzusagen, dass der Wettlauf um Agrarflächen auch in der Zukunft bestehen bleiben wird. Nutznießer werden die großen und reichen Staaten sein und die Ausbeutung der ärmeren Staaten wird immer schonungsloser. Eine beängstigende Entwicklung, schließlich sind die Agrarflächen unser aller Lebensgrundlage.

Was haben die EU und die UN versäumt bzw. falsch gemacht?

Unsere großen Staatenverbünde wären eigentlich die richtigen Institutionen, um global solche kritischen Entwicklungen zu erkennen, zu steuern und zu begrenzen. Die Organisation für Ernährung und Landwirtschaft der Vereinten Nationen (FAO) kennt zwar die Probleme und fordert klimafreundliche Landwirtschaft, aber dem Agrarkolonialismus hat sie leider nichts entgegenzusetzen.

Was muss auf unserer Agenda für die Jahre 2020 bis 2030 unbedingt stehen?

TOP 47: Die grundlegenden Ressourcen unseres Planeten sind - wie wir alle wissen - nicht gleichmäßig über die Erde verteilt. Es ist daher verständlich, dass Länder wie China, die 20% der Weltbevölkerung ernähren müssen, aber nur über 7% der vorhandenen fruchtbaren Böden verfügen, auf die Idee kommen, Ländereien von anderen Staaten zu kaufen. Aber solche isolierten und ungesteuerten Aktionen sind nicht die Lösung, sondern sie produzieren nur neue Probleme.

EU und UN schaffen es nicht, hier einzugreifen. Sollten wir daher nicht endlich eine machtvolle Institution ins Leben rufen, die dafür sorgt, dass die Ressourcen unseres Planeten gerecht auf alle Länder verteilt werden?!

Wer hat welchen Einfluss auf TOP 47?

	Einfluss gering	mittel	hoch	sehr hoch
Jeder Mensch	■			
Politiker eines Landes		■		
EU			■	
UN			■	
Global Player		■		
Welt-Institution				■

Die Länder mit riesigen ungenutzten Agrarflächen und geringer Wirtschaftskraft sind im Moment noch dankbar für Staaten wie China oder Südkorea, die ihnen im großen Stil Einnahmen bringen. Aber langfristig werden sie davon nicht profitieren und zusätzlich wird das Weltklima darunter leiden.

Nur eine multilaterale Welt-Institution könnte hier ein sinnvolles Gesamtkonzept, das beiden Seiten gerecht wird, erarbeiten und es auch umsetzen.

Staatsverschuldung und Steuersysteme

Ist der nächste Finanzkollaps unausweichlich oder droht gar ein "Weltbankrott"?

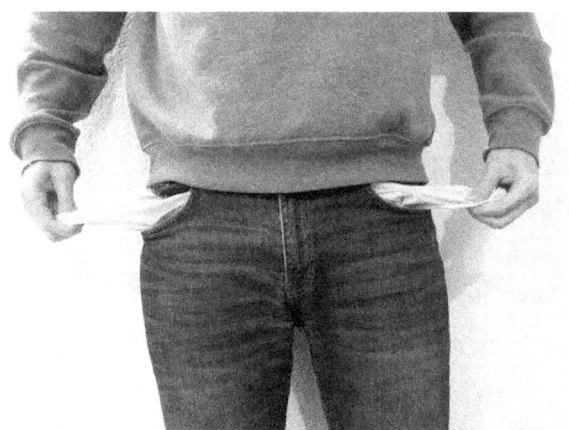

Derzeitige Situation

Fast alle Staaten sind über beide Ohren verschuldet. Wenn sie normale Unternehmen wären, hätten sie längst Konkurs anmelden müssen.

Auch der internationale Währungsfonds (IWF) schlägt Alarm: Die weltweite Verschuldung hat im Jahr 2015 einen Rekordstand von insgesamt 152 Billionen Dollar erreicht. Dazugerechnet werden laut IWF öffentliche Verpflichtungen, Verbindlichkeiten privater Haushalte und unternehmerische Schulden, allerdings ohne den Finanzsektor. Etwa ein Drittel (50 Billionen Dollar) der Schulden werden den öffentlichen Haushalten zugeschrieben. Der Schuldenberg steht bei etwa 225 Prozent der Weltwirtschaftsleistung. Die großen Wirtschaftsmächte USA und China haben einen erheblichen Einfluss auf den Schuldenberg.

Durch die gigantischen Rettungsprogramme aufgrund der Corona-Krise 2020 hat sich die Lage deutlich verschärft.

Durch die staatlichen Eingriffe auf die Wirtschaft („Lock down") musste der Wirtschaft weltweit in nie gekanntem Umfang „Wiederaufbauhilfe" geleistet werden.

Da dies nicht nur Darlehen, sondern auch Zuschüsse waren und sind, wächst der globale Schuldenberg dadurch nochmal deutlich.

Wie brisant die Lage bereits im Jahr 2019 war, erläutert die WELT[108] in einem Artikel vom 15.04.2019:

"Unter Präsident Trump macht Amerika in rasendem Tempo neue Schulden. Das Land zahlt 900 Millionen Dollar Zinsen – pro Tag. Am Ende des Jahres könnte das Defizit fast sieben Prozent der Wirtschaftsleistung ausmachen. Dennoch kümmert das kaum jemanden. Sollte der US-Staat weiter in solch rasendem Tempo Schulden machen, könnte durchaus auch das offizielle Ziel von 1,09 Billionen für das Gesamtjahr gerissen werden. Auf Basis der Halbjahreszahlen ergäben sich bis zu 1,4 Billionen Dollar – das entspräche fast sieben Prozent der Wirtschaftsleistung.

Die Euro-Zone hatte für ihre Mitglieder einst eine Höchstgrenze von drei Prozent des Bruttoinlandsprodukts definiert. Derzeit halten sich auch alle daran. Die Gesamtschulden des amerikanischen Staates betragen inzwischen über 22 Billionen Dollar und entsprechen damit bereits mehr als 100 Prozent der Wirtschaftsleistung. Da die Zinsen in den USA schon lange nicht mehr bei null liegen, wie das in Europa der Fall ist, erhöht dies nun auch die Zinslast für den Staat.

Die Gleichgültigkeit gegenüber diesen Rekordzahlen dürfte auch darauf zurückzuführen zu sein, dass unter Wirtschaftswissenschaftlern und Investoren derzeit die sogenannte "Modern Monetary Theory" hoch im Kurs steht.

---

[108] Quelle: https://www.welt.de/finanzen/article191901579/Staatsschulden-USA-zahlen-900-Millionen-Dollar-Zinsen-pro-Tag.html

Diese besagt, verkürzt gesagt, dass ein Staat mit eigener Währung keinerlei Rücksicht auf den Schuldenstand nehmen muss, da er Geld einfach aus dem Nichts schaffen und somit die Schulden jederzeit bedienen kann.
Sollte diese Politik irgendwann zu Inflation führen, so kann der Finanzminister diese durch Steuern eindämmen, so die Theorie.
Entscheidend ist in dieser Theorie, dass die Notenbank (Fed) ihre Unabhängigkeit verliert und zum Erfüllungsgehilfen der Regierung wird. Präsident Trumps Politik zielt genau darauf. So will er Stephen Moore für einen Posten im Führungsgremium der Fed nominieren.
Allerdings gibt es durchaus auch Warner. So sieht die Peterson-Stiftung, deren Anliegen die Finanzstabilität des Landes ist, durch die wachsende Schuldenlast ein erhebliches Risiko für die Wirtschaft und die Zukunft der USA: „Anstatt dass wir unsere Schulden managen, bürden wir einfach künftigen Generationen enorme Lasten auf, die deren wirtschaftliche Chancen und ihre Lebensqualität beeinträchtigen werden", sagte Stiftungsgründer Michael A. Peterson in einer Stellungnahme zu den neuesten Zahlen."
(Zitat Ende).

Die weltweit üblichen Systeme der Besteuerung (Einkommenssteuer, Lohnsteuer, Umsatzsteuer, Mehrwertsteuer usw.) sind so aufgebaut, dass der Mensch die natürlichen Ressourcen unseres Planeten wie Bodenschätze, Wälder, Meere usw. ausbeuten darf, ohne dass dies steuerlich relevant wird. Steuern fallen nur an für die Arbeitskräfte und Maschinen, die beim Kohleabbau, der Erdölförderung usw. eingesetzt werden, aber der Umstand, dass sich dadurch die natürlichen Ressourcen vermindern, wird nicht berücksichtigt. Auch orientiert sich das System der Mehrwertsteuer nicht an sozialen Aspekten.

Diese Zukunft erwartet unsere Kinder und Enkel

Es zeichnet sich ab, dass die USA die "Modern Monetary Theory" vollinhaltlich übernehmen werden. Dadurch wird die Staatsverschuldung jedes Jahr neue Höhepunkte erreichen. Da dies aber ohne erkennbare Nachteile erfolgt, besteht die Gefahr, dass auch viele andere Staaten auf die Verheißung, die Regierung könne durch Drucken von Geld Defizite kostenlos „finanzieren", hereinfallen.

Auch EU-Staaten könnten sich aus dem Stabilitätspackt lösen. Da auch zuvor die Regierung schon die Staatsausgaben mit selbst herausgegebenem Geld finanzierte – wenn auch auf indirekte, verschleierte Weise – ist die Hemmschwelle gar nicht so groß.

Die Folge wäre, dass in den 20er-Jahren alles aus dem Ruder läuft und die Staaten vergeblich versuchen, die "Schuldenbremse" zu ziehen.

Ende der 20er-Jahre könnte es dann soweit sein:

Die Bürger in den großen Staaten der Welt erleben eine Geldabwertung ("Währungsreform") in extremem Ausmaß:

Jeder Euro, jeder Dollar, jeder Yen wird im Verhältnis 1:1000 abgewertet, d.h. für 1000 "alte" Euro bekommt man einen "neuen" Euro.

Was hat die EU versäumt bzw. falsch gemacht?

Finanzexperten sind sich einig, dass man den ausufernden Börsenspekulationen durch eine Transaktionssteuer begegnen müsste. Obwohl die Einführung innerhalb der EU bereits seit 2009 geplant ist, wurde sie bis heute (Dezember 2020) nicht umgesetzt.

Was muss auf unserer Agenda für die Jahre 2020 bis 2030 unbedingt stehen?

TOP 48: Die großen Konzerne dieser Welt erwirtschaften immer mehr Geld und zahlen im Verhältnis dazu immer weniger Steuern. Das liegt daran, dass es nur nationale Steuergesetze gibt und die multinationalen Konzerne immer wieder neue „Schlupflöcher" in anderen Ländern finden.

Wäre es daher nicht sinnvoll, für diese Giganten eine zentrale und angemessene Besteuerung auf globaler Ebene einzuführen und die Steuern dann gerecht auf die betroffenen Länder aufzuteilen?! Sicher keine leichte Aufgabe, aber durchaus machbar.

Wer hat welchen Einfluss auf TOP 48?

	Einfluss gering	mittel	hoch	sehr hoch
Jeder Mensch	■			
Politiker eines Landes		■		
EU			■	
UN			■	
Global Player		■		
Welt-Institution				■

Ein Steuersystem für global agierende Unternehmen, das global Anwendung findet, müsste auch auf globaler Ebene entwickelt und durchgesetzt werden. Also eine Aufgabe für die UN oder eine Welt-Institution.

TOP 49: Die EU hat jahrelang vorgelebt, welche Vorteile ein "Stabilitätspackt" hat. Sollte daher nicht auch die UN versuchen, etwas Ähnliches für ihre 193 Mitgliedstaaten einzuführen? Dadurch wäre die Gefahr einer Welt-Finanzkrise zwar nicht ausgeschlossen, könnte aber deutlich verringert werden.

Wer hat welchen Einfluss auf TOP 49?

	Einfluss gering	mittel	hoch	sehr hoch
Jeder Mensch	■			
Politiker eines Landes		■		
EU			■	
UN				■
Global Player		■		
Welt-Institution				■

Einen nahezu weltweit gültigen Stabilitätspakt einzuführen, wäre natürlich eine Herkulesaufgabe und wahrscheinlich nur in vielen Etappen realisierbar. Nur die UN oder eine Welt-Institution könnte sich da heranwagen.

TOP 50: Sollte es nicht unser gemeinsames Ziel sein, den Abbau der begrenzten wertvollen Ressourcen unseres Planeten (Bodenschätze, sauberes Wasser, fruchtbares Land, wertvolle Waldbestände usw.) künftig hoch zu besteuern und für regenerative Ressourcen und Energiequellen (Sonne, Wind, nachwachsende Rohstoffe), keine Steuern zu erheben?! Dadurch würde sich ein Trend in die Richtung ergeben, dass die Menschen primär auf regenerative Ressourcen und Energiequellen zurückgreifen.

Durch die Einnahmen aus dieser "Ressourcensteuer" könnte die Besteuerung der menschlichen Arbeitskraft entfallen, d.h. es gäbe keine Einkommen- und keine Lohnsteuer mehr.

Das wäre ein echter Paradigmenwechsel und wahrscheinlich eine der wenigen Möglichkeiten, wie die Menschheit den „Nachhaltigkeits-Turnaround" doch noch schafft.

Wer hat welchen Einfluss auf TOP 50?

	Einfluss gering	mittel	hoch	sehr hoch
Jeder Mensch	■			
Politiker eines Landes		■		
EU			■	
UN			■	
Global Player		■		
Welt-Institution				■

Ein komplett neues Steuersystem, das global Anwendung findet, müsste auch auf globaler Ebene entwickelt und durchgesetzt werden. Also wieder eine Aufgabe für die UN oder eine Welt-Institution.

Kapitel 5
Der "Reifegrad" der Menschheit

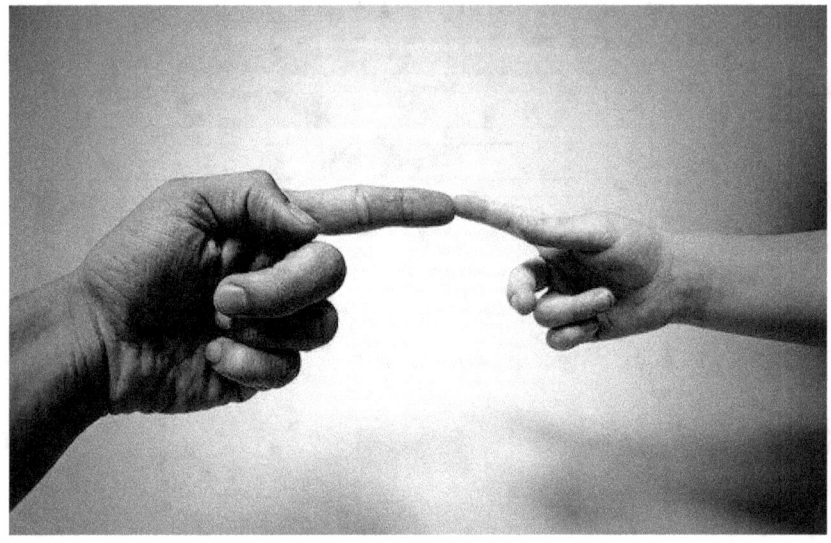

Konsumgesellschaften

Der Schlüssel zu unserem Wohlstand oder die Wurzel allen Übels?

Derzeitige Situation

Milliarden von Menschen geht es derzeit so gut wie noch nie zuvor in der Menschheitsgeschichte. Normale "Mittelständler" können ihr Leben genießen wie früher nur die privilegierte Oberschicht. Aber sind wir dadurch zu besseren Menschen geworden? Ich fürchte nicht. Es gibt genauso wie im "finsteren Mittelalter" Armut, Folter, Kriege, Gewalt und Unterdrückung.
Woran liegt das?
Wohlstand macht offenbar nicht nur nicht glücklich, sondern verbessert auch nicht den Charakter. Wir alle, denen es gut geht, wissen, dass es Milliarden von Menschen gibt, die von dem Betrag, den wir für ein neues Smartphone, einen Wellness-Kurzurlaub, zwei schicke Paar Schuhe, eine exklusive Handtasche usw. ausgeben, ein ganzes Jahr lang leben müssen.

Aber das ändert nichts. Wir kaufen trotzdem immer wieder neue Sachen, die wir eigentlich gar nicht brauchen.

Gut, Sie werden jetzt sagen, schließlich haben wir das Geld auch mit mehr oder weniger harter Arbeit verdient. Das ist natürlich richtig, aber ändert nichts am Ergebnis.

Ich habe das Gefühl, wir konsumieren und konsumieren, nur weil man es einfach so macht. Kaum jemand konsumiert, weil er dadurch glücklicher wird (von kurzzeitigen Glücksmomenten abgesehen).

Spätestens seit dem "Paukenschlag", dem im Jahr 1972 erschienenen Bericht an den Club of Rome "Die Grenzen des Wachstums", wissen wir alle, dass ein Wirtschaftssystem, das auf unbegrenztes Wachstum ausgerichtet ist, nicht auf Dauer funktionieren kann. Kurzzeitig waren wir damals alle schockiert und betroffen, aber nach ein paar Jahren lief alles wieder normal wie zuvor.

Genauso ist die Situation jetzt bei den Erkenntnissen zum Klimawandel. Wir sind betroffen, teilweise sogar in Panik, kennen das Problem seit Jahrzehnten, haben einige nationale Erfolge und treffen tolle supranationale Vereinbarungen, aber in der Summe wird es nicht besser.

Woran liegt das? Ich glaube, unser Konsumverhalten ist ein ganz wichtiger Schlüssel.

Es gibt Menschen mit einer grundsätzlich egoistischen Grundeinstellung: Geld, das ihre normalen Ausgaben zum Lebensunterhalt übersteigt, sparen sie entweder oder geben es für sich aus.

Demgegenüber steht die Gruppe derjenigen, die grundsätzlich altruistisch veranlagt sind bzw. denken. Sie verwenden die "Überschüsse" für andere Menschen, denen es nicht so gut geht. Natürlich ist der Übergang zwischen den beiden Gruppen fließend.

Nun könnte man sagen: Es ist ja egal wer konsumiert. Aber da sehe ich einen grundlegenden Unterschied.

Die wohlhabenden wollen immer etwas Besseres, das größere Fernsehgerät, das neuere Smartphone, das zwanzigste Paar Schuhe, die zehnte Handtasche, die weitere Reise, das neuere Auto, das größere Haus usw.

Der Teil des "überschüssigen" Einkommens oder Vermögens, den man für Arme einsetzt, zieht eine ganz andere Art des Konsums nach sich: Hier geht es um die Grundbedürfnisse wie ausreichend Nahrung, sauberes Trinkwasser, ein Dach über dem Kopf, Medikamente im Krankheitsfall usw.

Ersteres ist sozusagen der "entbehrliche" Konsum und letzteres der "unverzichtbare" Konsum. Ein himmelweiter Unterschied!

Für mich ist daher die zentrale Frage: Wie viel Konsum brauchen wir tatsächlich um gut leben zu können und glücklich zu sein und welcher Konsum ist für uns "entbehrlich"? Diese Frage sollte sich jeder stellen, in Ruhe darüber nachdenken und für sich selbst beantworten.

Diese Zukunft erwartet unsere Kinder und Enkel

Für die nächsten Jahrzehnte zeichnen sich mehrere parallel laufende Trends ab: Ein Teil der Menschen in den hochentwickelten Industriegesellschaften wird sich immer mehr von materiellen Zielen lösen und den Sinn des Lebens in Dingen wie Familie und Natur suchen.

Der andere Teil sind die vornehmlich Jugendlichen bis jungen Erwachsenen, die von der Digitalisierung voll in Beschlag genommen werden und jeden der zahlreichen neuen Trends, die mit Sicherheit kommen werden, mit Begeisterung mitmachen werden.

Das Gegenstück werden die Menschen in den ehemaligen Entwicklungsländern sein, die die Entwicklung der Industrieländer nachvollziehen wollen und werden.

Für die Zukunft der Erde wird hierbei entscheidend sein, ob es die Industrienationen schaffen, ihr Know-how so weiterzugeben, dass der Konsum nicht wie bei uns umweltzerstörend, sondern umweltverträglich und nachhaltig erfolgt.

Was muss auf unserer Agenda für die Jahre 2020 bis 2030 unbedingt stehen?

TOP 51: Die westliche Welt "erstickt" im Konsum. In Indien, Afrika und anderen "Entwicklungsländern" kämpfen jeden Tag Milliarden von Menschen ums Überleben.

Können wir dies als Menschen des 21. Jahrhunderts wirklich verantworten?

Wie wäre es, wenn alle Regierungen der reichen Länder beschließen würden, dass die Steuereinnahmen aus dem Konsum der Bevölkerung (in Deutschland nennt sich das „Mehrwertsteuer") bis auf weiteres für eine sinnvolle und gezielte Förderung dieser Länder (insbesondere durch die Schaffung von Bildungschancen für die gesamte Bevölkerung) verwendet werden?

Dieser Zustand würde so lange anhalten, bis wir die Armut auf unserem Planeten ein für alle Mal besiegt haben.

Ich glaube nicht, dass wir bei so einer konzertierten Aktion mehr als 5 Jahre dafür brauchen würden.

Wäre dies nicht ein Zeichen, dass die Menschheit des 21. Jahrhunderts die Menschenwürde endlich weltweit achtet?

Wer hat welchen Einfluss auf TOP 51?

	Einfluss gering	mittel	hoch	sehr hoch
Jeder Mensch		■		
Politiker eines Landes				■
EU			■	
UN				■
Global Player		■		
Welt-Institution				■

Eine befristete „Umwidmung" der Einnahmen aus der Mehrwertsteuer und aus vergleichbaren Steuern könnte jedes Land für sich durchführen. Besser und vor allem wirksamer wäre natürlich eine konzertierte Aktion aller reichen Länder. Organisieren könnte und sollte das die UN.

Die Menschlichkeit

Bleibt sie in der Welt der Zukunft auf der Strecke?

Derzeitige Situation

In meinem Buch "Unsere globale Welt erfordert globale Lösungen" habe ich im Teil 1 "Muss nur noch kurz die Welt retten" folgendes konstatiert:

"Schlecht sind nicht die Munition und die Waffen! Schlecht ist, dass sie zum Schaden anderer Menschen und für Kriegszwecke eingesetzt werden. Schlecht sind nicht die Börsen und die Banken! Schlecht ist, mit welcher Macht sie ausgestattet sind und nach welcher Philosophie sie agieren. Schlecht ist nicht das Geld! Schlecht ist, wie es eingesetzt wird. Schlecht sind nicht die Spitzenverdiener und die Superreichen! Schlecht ist, wenn manche ihr Einkommen und Vermögen egoistisch nutzen. Was ist also das Problem? Das Problem ist der Mensch!"

Der Meinung bin ich (sechs Jahre nach Erscheinen des Buchs) immer noch voll und ganz.

Derzeit lebt die Menschheit im Zwiespalt:

Auf der einen Seite gibt es viele Bewegungen, die verantwortungsbewusst agieren und sich für die Menschheit bzw. die Erde uneigennützig engagieren, wie z.B. Greenpeace, Ärzte ohne Grenzen, Brot für Welt, SOS Kinderdorf und viele andere NGOs.

Auf der anderen Seite demonstrieren uns Wladimir Putin, Donald Trump, Jair Bolsonaro, Viktor Orbán, Jaroslaw Kaczynski und viele ähnliche machthungrige Politiker täglich, dass sie bewusst egoistisch und rücksichtslos agieren und dabei offenbar nicht einmal ein schlechtes Gewissen haben.

Nun wäre das nicht so schlimm, wenn diese Handlungen nur Auswirkungen auf deren Land hätten. Aber das ist der Fluch unserer Zeit: Durch die Globalisierung werden nationale Herrscher wie Donald Trump zu einem "Weltproblem". Wenn er aus Ignoranz bzw. Unkenntnis z.B. das Pariser Klimaschutzabkommen aufkündigt, ist das nicht mehr nur ein Problem der USA, sondern ein Problem der gesamten Menschheit.

Aber es geht ja leider nicht nur um ihn.

Wenn man sieht, dass viele Millionen Amerikaner ihn auch nach einer Amtszeit von 4 Jahren immer noch unterstützen, weil sie sich persönliche Vorteile davon versprechen, oder genauso rücksichtslos denken wie er, ist das bezeichnend für den Egoismus in unserer Gesellschaft. Auch in anderen Ländern müssen wir derzeit schmerzlich erleben, dass die Menschen kurzsichtig nur ihre eigene Situation im Blick haben und die Interessen der Umwelt bzw. der Erde vernachlässigt werden.

Was ich damit sagen will: Wenn wir die Welt retten wollen, brauchen wir künftig viel mehr Menschen, die uneigennützig denken und verantwortungsbewusst nach moralischen Prinzipien handeln. Ein sehr wichtiges Prinzip ist dabei meines Erachtens die Ehrlichkeit. Aber gerade daran mangelt es in unserer Zeit immer mehr.

Das Thema „Fake News" ist ja nicht neu. Seid es Menschen gibt, haben Menschen gelogen und versucht, andere Menschen durch bewusste falsche Aussagen zu manipulieren. Man denke nur an die finstere Zeit im Mittelalter, als Frauen, die irgendwie auffielen - und sei es nur durch besondere Schönheit -, als Hexen bezeichnet wurden und die Gemeinschaft sich dann schnell einig war, dass man diese „Störerinnen" verbrennen müsse.

Oder an das „3. Reich", als die Nazas weite Teile der deutschen Bevölkerung innerhalb von relativ kurzer Zeit durch gezielte Falschinformationen so aufhetzten, dass man damals wirklich glaubte, dass die Juden „Volksschädlinge" sind und enteignet und vertrieben werden müssen.

In unserer Zeit hat das Thema allerdings eine ganz neue Dynamik gewonnen. Früher war es sehr aufwändig, Falschinformationen zu verbreiten, besonders wenn sie in viele Länder und zu allen Bevölkerungsschichten gelangen sollten. Noch im 2. Weltkrieg machte man das u.a. durch Handzettel, die man aus Flugzeugen abwarf oder durch Propagandastempel und -briefmarken auf Briefen.

Im 21. Jahrhundert ist das kein Problem mehr. Wir haben das Internet und „soziale Medien" wie Facebook, Twitter, Instagram, Telegram und ähnliche mediale Hilfsmittel, mit denen in Sekundenschnelle jeder das verbreiten kann, was er will.

Der ehemalige amerikanische Präsident Donald Trump war hierin ein Pionier: Er nutzte als erster Spitzenpolitiker das Kurznachrichtensystem „Twitter" um jeden Tag im Stundentackt immer wieder neue Nachrichten zu „posten", die seine Politik unterstützten. Die normalen Medien wie Presse und Fernsehsender wurden dadurch regelrecht ausgeschaltet. Ob die „Tweets" wahr waren oder nicht, interessierte Trump nicht. Mittlerweile wissen wir, dass der größte Teil seiner „Tweets" tatsächlich Falschaussagen waren.

30.573 falsche oder irreführende Aussagen hat Donald Trump laut Zählung der Washington Post im Verlauf seiner Amtszeit fabriziert[109].

Ein besonders düsteres Kapitel im Zusammenhang mit seiner Präsidentschaft ist der Umstand, dass er es geschafft hat, dass Millionen von Amerikanern ernsthaft glauben, dass er die Wahl gewonnen hat und der Sieg Bidens nur auf Wahlmanipulationen beruht[110]. Und wir sprechen hier nicht von 1-2 Millionen BürgerInnen, sondern von 26 Prozent der amerikanischen Bevölkerung, also rund 85 Millionen Menschen!

Sehr interessant ist in diesem Zusammenhang ein Leserbrief an „Die Zeit" zu dem Artikel „201 Demokratieleugner"[111]:

„Die Ansage der Republikaner, die Donald Trump auf ihr Schild heben, keine Wahlniederlage mehr zu akzeptieren, ist eigentlich eine Sache, die wir aus einigen afrikanischen Staaten kennen. Es finden Wahlen statt, der Unterlegene akzeptiert diese Niederlage nicht und es kommt für einige Zeit zu einem Hauen und Stechen. Dann einigt man sich auf einen Kompromiss, der Unterlegene wird doch noch irgendwie an der Macht beteiligt. Also handelt es sich um Entwicklungsländer, deren Bildungsstand der Bürger relativ gering ist. Aber es scheint auch in höher entwickelten Staaten zu funktionieren, die sich zum Beispiel seit vielen Jahrzehnten in der Raumfahrt engagieren und auch sonst die Wissenschaft und technische Innovationen gefördert haben. Was ich nicht verstehe ist, dass ein Land sich nun von der einstigen Entwicklungsmethode abwendet und nun hanebüchenen Phantasien anhängt, die völlig

---

[109] Quelle: statista (https://de.statista.com/infografik/24003/anzahl-der-falschen-oder-irrefuehrenden-aussagen-von-us-praesident-donald-trump/)

[110] Quelle: Tagesspiegel vom 06.01.2022 (https://www.tagesspiegel.de/politik/mehr-als-40-prozent-zweifeln-an-rechtmassiger-wahl-bidens-8017141.html)

[111] Quelle: Zeit online vom Oktober 2022 (https://www.zeit.de/politik/ausland/2022-09/usa-midterms-wahlleugner-5vor8/seite-2)

aus der Zeit gefallen sind. Dass für die Machteroberung, die einen späteren erneuten Wandel unmöglich machen soll, ebenfalls die Zukunft eines Landes geopfert wird, wird von den Republikanern wohl wissentlich in Kauf genommen, denn Wahlniederlagen werden nicht mehr akzeptiert". (Zitat Ende)

Das ist eine bemerkenswerte Einschätzung!

Jetzt im Angriffskrieg Russlands gegen die Ukraine erleben wir die nächste Stufe der Manipulation:

Die russische Propaganda hat es offenbar geschafft, dass die russische Bevölkerung der Meinung ist, dass die ukrainische Führung nur aus Nazis bestehe und das Land von ihr „befreit" werden müsse. Dadurch stehen weite Teile der Bevölkerung hinter Putin und seinem Krieg, der immense Todesopfer (auf beiden Seiten) gefordert hat und täglich fordert. Außerdem werden ganze Städte in Schutt und Asche gelegt. Das bekommt die russische Bevölkerung aber so nicht mit.

Mittlerweile geht das so weit, dass die Menschen in Russland sogar glauben, dass die westlichen Sanktionen keine legitime und notwendige Antwort auf die russische Aggression sind, sondern ein kriegerischer Akt des Westens gegen Russland.

Eine unabhängige Befragung der russischen Bevölkerung hat ergeben, dass mehr als 80 Prozent der Russen die Arbeit ihres Präsidenten gut finden und den Krieg gegen die Ukraine unterstützen[112]. Die Schulkinder lernen derzeit aus den in Rekordzeit überarbeiteten Schulbüchern, dass die Aggression von der Ukraine ausgegangen sei und zwar gesteuert vom Westen, insbesondere der USA.

Das alles ist die Folge einer dauerhaften und extrem intensiven medialen Beeinflussung der Menschen. In Russland gibt es seit

---

[112] Quelle: ntv.de vom 05.04.2022 (https://www.n-tv.de/politik/Wie-sehr-unterstuetzen-die-Russen-den-Krieg-article23247324.html)

längerer Zeit keine unabhängigen Medien mehr. In China ist die Situation ähnlich.

Das Problem von „Fake News" im weitesten Sinne hat sich mittlerweile nach meiner Einschätzung zu einem der größten Probleme der Menschheit entwickelt.

Denn: Unser gesamtes wirtschaftliches und soziales Zusammenleben beruht auf Informationen. Und wenn man denen nicht mehr trauen kann, bricht das gesamte System zusammen.

Das ist eigentlich nichts Neues, aber wir müssen damit rechnen, dass es autokratische Herrscher in Zukunft immer mehr schaffen, ihre Bevölkerung durch gezielte Falschinformationen im großen Stil zu beeinflussen.

Was kann man da tun?

Es wird kaum jemand ernsthaft verlangen, die modernen medialen Errungenschaften wieder abzuschaffen, damit „Fake News" nicht so schnell verbreitet werden können.

Auch würde es nichts bringen, alle sozialen Medien wie Facebook, Twitter und Co., über die Falschmeldungen relativ einfach und sehr schnell verbreitet werden können, einfach zu verbieten.

Ich glaube, wir müssen

- die „zwischenmenschlichen Weichen" neu stellen und
- Staaten besser dabei unterstützen, demokratische Verhältnisse einzuführen bzw. auszubauen und zu leben.

Letzteres klingt banal, ist aber extrem anspruchsvoll. Denn Demokratie als Staatsform einzuführen reicht nicht. Wie wir alle seid Jahren in Deutschland sehen, sind unsere ostdeutschen Mitbürger extrem empfänglich für Parolen und Versprechungen aus dem „rechten Lager". Die AfD hat bekannterweise in Ostdeutschland die höchsten Zustimmungswerte, obwohl sich die Lebensverhältnisse von Ost und West mittlerweile nahezu angeglichen haben.

Ich fürchte, da gibt es bei uns wie auch in den USA eine fundamentale, alles durchdringende Irrationalität...

Ein ganz anderes Beispiel dafür, dass wir unseren „Kompass neu kalibrieren" müssen:
Seit einigen Jahren streiten sich Frauen, Männer, Verlage, Schriftsteller, Arbeitgeber usw. in der westlichen Welt darüber, wie die Gleichberechtigung der Frau im geschriebenen Wort dargestellt werden kann. Mit „LeserInnen", „Leser*innen", „Leserinnen und Lesern", Leser/innen und noch vielen anderen Wortschöpfungen, die allesamt die Lesbarkeit von Texten beeinträchtigen.

Wer das verfolgt bzw. verfolgen muss, stellt sich automatisch die Frage: „Haben wir keine anderen Sorgen?!"

Denn ein Thema, bei dem die Würde der Frauen tatsächlich mit Füßen getreten wird, bleibt dabei seit Jahrzehnten unbeachtet:
Die weltweite Pornofilm-Industrie zeichnet mit den kostenlos auf jedem Smartphone verfügbaren Filmchen ein Frauenbild, das an sexueller Würdelosigkeit nicht zu überbieten ist.

Man gewinnt den Eindruck, dass alle Frauen nur dafür da sind, die niedersten Triebe der Männer zu befriedigen und selbst keinerlei Ansprüche haben.

Und was genauso schlimm ist:
Viele Jugendliche, die sich in der Pubertät sexuell das erste Mal orientieren, bekommen das mit und erwarten dann ganz selbstverständlich das gleiche von ihrer ersten Freundin. Hier schließt sich dann der Kreis der Würdelosigkeit.

Das wäre ein Feld, um das sich die Frauenbewegungen der ganzen Welt ganz dringend kümmern sollten und müssten!
Warum tun sie das nicht?! Ich weiß es nicht, aber meine Unterstützung hätten sie!

Aber wie erreichen wir in allen Bereichen grundsätzlich mehr Menschlichkeit? Schließlich werden wir doch alle zu kleinen Egoisten erzogen, oder?

In der Schule darf man bei einer Klassenarbeit seinem Banknachbarn nicht helfen, auch wenn man die richtige Lösung weiß.
Im Beruf macht oft derjenige Karriere, der sich gegenüber seinen Kollegen am besten durchsetzen kann.
In der Unternehmenswelt macht der Betrieb die größten Umsätze, der im harten Konkurrenzkampf seine Mitbewerber ausstechen kann, egal mit welchen Mitteln.
Wie kann unter diesen Rahmenbedingungen eine Gesellschaft entstehen, bei der hohe moralische Grundsätze einen hohen Wert darstellen?

Diese Zukunft erwartet unsere Kinder und Enkel

Wenn wir weiter so agieren wie bisher, werden der Egoismus und die Intoleranz in der Gesellschaft noch mehr zunehmen. Begünstigt durch die Grenzen des Wachstums, die wir langsam aber sicher erreichen (siehe den Bericht an den Club of Rome aus dem Jahr 1972[113]), werden rechte Strömungen immer mehr Zuspruch bekommen. Das ist dann der Anfang vom Ende aller Demokratien. Wir merken es alle schon täglich: Aggressionen nehmen zu, z.B. bei Demonstrationen (Stichwort "Gelbwesten" in Frankreich), bei Sportveranstaltungen (Stichwort "Hooligans") und sogar gegenüber Feuerwehrleuten und Rettungskräften bei Noteinsätzen (Stichwort: „Gaffer").
Selbst im eigentlich schützenden Rahmen der Kirchen offenbaren sich immer mehr Verfehlungen bzw. sogar Verbrechen: Geistliche aus allen Religionen machen genau das Gegenteil von dem, was sie sollten und vergehen sich an Kindern und Jugendlichen. Unglaublich!
Dem Gefühl von vielen Menschen, dass sie benachteiligt werden, könnten wir dadurch begegnen, dass wir uns konsequent darum kümmern, dass sich die Schere zwischen Arm und Reich wieder

---

[113] Quelle: Wikipedia (https://de.wikipedia.org/wiki/Die_Grenzen_des_Wachstums)

schließt. Im Kapitel „Konsumgesellschaften" gehe ich ausführlicher darauf ein

Was muss auf unserer Agenda für die Jahre 2020 bis 2030 unbedingt stehen?

TOP 52: Sollten wir nicht weltweit die "moralischen" Weichen ganz neu stellen?! Das könnte z.B. so aussehen:

Die Familien als Keimzelle von Menschlichkeit werden durch den Staat finanziell und pädagogisch so stark unterstützt, dass alle Kinder die Chance haben, gut behütet aufzuwachsen. Kinder, die aus den verschiedensten Gründen nicht in ihrer eigenen Familie aufwachsen können, werden nicht in Waisenheimen, sondern in SOS-Kinderdörfern untergebracht (mit staatlicher Bezuschussung).

In den Schulen geht es nicht mehr darum, dass jeder Einzelne möglichst gute Noten schreibt, sondern es zählt der Klassenverbund. Jeder Schüler hat die Aufgabe, sein Möglichstes dazu beizutragen, dass alle Schüler das Klassenziel möglichst gut erreichen. Nur daran wird der Erfolg gemessen.

Erfolg würde dadurch neu definiert und sozusagen in einen moralischen Kontext gesetzt. Das wären gute Voraussetzungen, dass die Kinder dies verinnerlichen und sich als Erwachsene auch verantwortungsbewusster und uneigennütziger verhalten.

Wenn wir jetzt damit anfangen, in allen Schulen weltweit ein neues Wertesystem einzuführen, würden die nächsten Genrationen eine bessere moralische Grundeistellung von Kind auf lernen und verinnerlichen.

Wie unser deutsches Schulsystem drastisch verbessert werden könnte (und müsste), hat übrigens Richard David Precht bereits im Jahr 2014 in seinem lesenswerten Buch "Anna, die Schule und der liebe Gott: Der Verrat des Bildungssystems an unseren Kindern" ausführlich geschildert[114].

Wenn wir den Paradigmenwechsel in Deutschland schaffen würden, wäre das ein guter Anfang. Aber wir brauchen die gleichen Veränderungen auf der ganzen Welt!

In den Unternehmen könnte sich dieser Gedanke fortsetzen. Unternehmensziel wäre dann nicht mehr Gewinnmaximierung, sondern maximale Zufriedenheit der Unternehmensführung, der Kunden und der Beschäftigten. Dies klingt auf den ersten Blick nach hoffnungsloser Sozialromantik, ist aber in der Praxis durchaus machbar. Nicht bei allen Unternehmen, aber bei vielen.

Ein aktuelles Beispiel: Die Augsburger Unternehmensgründern Sina Trinkwalder, Jahrgang 1978, hat mit ihrer Firma "manomama" das geschafft, was ein Finanzberater einer Bank als "unmögliches und zum Scheitern verurteiltes Vorhaben" eingestuft hätte[115]:

"Gewöhnlich liegt einer Unternehmensgründung eine neue Produktidee oder eine innovative Dienstleistung zugrunde. Dazu sucht man sich dann die geeignete Mitarbeiterschaft und führt das Vorhaben zum Erfolg. Bei manomama ist es anders.
Die Idee war und ist der Mensch. „Mensch, lass uns doch etwas machen, wo wir Menschen, die sonst jede Firma ablehnt, eine Chance geben, ihren eigenen Erwerb zu erwirtschaften und damit wieder Teilhabe an unserer Gesellschaft zu ermöglichen", sagte Sina. Herauskam etwas, was heute unsere Kollegen und Kolleginnen „Familie" nennen, Lieferanten und Kunden „Freunde" und Sina „Lebensaufgabe": manomama". (Ende des Auszugs).

Ich frage Sie, liebe Leserin/lieber Leser: Wie kann man als Unternehmer/in erfolgreicher sein und mehr Sinn stiften als in diesem Beispiel?

---

[114] Quelle: Wikipedia Stand Oktober 2022 (https://de.wikipedia.org/wiki/Anna,_die_Schule_und_der_liebe_Gott)
[115] Quelle: manomama "Die Story" (https://www.manomama.de/shop/story

Die Erfolgsstory von "manomama" liest sich wie ein modernes Märchen, ist aber Realität. Sobald wir genügend Menschen haben, die nicht nach immer mehr Konsum und Reichtum streben, könnte eine ins Leben gerufene machtvolle Welt-Institution unser ganzes Wirtschaftssystem neu justieren: Weg von der Gier nach immer mehr Wachstum und hin zu Indikatoren, die den Menschen echte Befriedigung bieten. Ideen gibt es hier viele, es muss nicht gleich das "Bruttonationalglück"[116] des Staates Bhutan sein, aber in diese Richtung sollte es gehen.

Wer hat welchen Einfluss auf TOP 52?

	Einfluss gering	mittel	hoch	sehr hoch
Jeder Mensch	■			
Politiker eines Landes			■	
EU			■	
UN				■
Global Player		■		
Welt-Institution				■

Die Einführung eines neuen Wertesystems in den Schulen könnte jedes Land für sich durchführen, wirksam wird es allerding erst dann, wenn es viele Länder machen. Genauso ist es in der Wirtschaftswelt. Es gibt jetzt schon viele Sozialunternehmen, aber der große Durchbruch steht noch aus, weil die Unterstützung von ganz oben, also von der EU oder der UN, fehlt.

TOP 53: Für die seit der Antike diskutierte Frage "Nach welchen moralischen Grundsätzen sollte man sich als Mensch verhalten?" müssen wir in Zeiten der Globalisierung neue Antworten finden. Und zwar gerade jetzt, wo rechtsradikale Gruppierungen für viele Bürgerinnen und Bürger vermeintlich naheliegende und attraktive Antworten liefern.

---

[116] Quelle: Wikipedia Bhutan Stand Oktober 2022 (https://de.wikipedia.org/wiki/Bruttonationalgl%C3%BCck)

Das Thema betrifft daher nicht nur die US-Amerikaner, sondern die gesamte Menschheit.

Wie wäre es, wenn alle Staaten gemeinsam eine "Welt-Verfassung" erarbeiten würden, in der grundsätzliche Fragen der Ethik in Zeiten der Globalisierung behandelt werden?! In meinem ersten Buch habe ich diese Idee ausführlich erläutert[117].

Wer hat welchen Einfluss auf TOP 53?

	Einfluss gering	mittel	hoch	sehr hoch
Jeder Mensch	■			
Politiker eines Landes		■		
EU			■	
UN				■
Global Player		■		
Welt-Institution				■

Der Anstoß für eine "Welt-Verfassung" könnte von den Ländern kommen, die in ihrer eigenen Verfassung schon hohe ethische Standards verankert haben. Ich denke z.B. an Deutschland, die Schweiz oder Frankreich.

Für die Formulierung des Inhalts brauchen wir aber einen breiten Konsens. Ideal wäre es daher, wenn sich die UN dieser Aufgabe annehmen würde[95].

TOP 54: Die Medien spielen offenbar eine sehr große Rolle. Donald Trump hätte seine Lügen nicht so effizient verbreiten können, wenn es nicht mit „Twitter" ein Medium gegeben hätte, das Nachrichten ungefiltert weiterleitet.

Die „normalen" Medien wie Fernseh- und Rundfunksender und die Presse haben ein Ethik-Verständnis, das sich mit den menschlichen und gesellschaftlichen Werten und Normen in Bezug auf

---

[117] Vgl. Jimi Balladeer: "Unsere globale Welt erfordert globale Lösungen", erschienen 2018 bei Amazon

die Medien auseinandersetzt. Dadurch werden viele Produzenten davon abgehalten, dem Publikum bestimmte Inhalte zu vermitteln. Allerdings sind diese Richtlinien weder schriftlich noch mündlich festgehalten, sie existieren nur in dem Werte- und Normensystem jedes einzelnen Menschen.

Das Problem mit „Fake News" könnten wir dadurch zumindest verkleinern, wenn wir in allen Medien konsequent darauf achten, dass Lügen und Hetze nicht nur umgehend gelöscht werden, sondern auch die Verantwortlichen zur Rechenschaft gezogen werden.

Die Gleichberechtigung von Frauen und Männern könnten wir übrigens dadurch wesentlich besser erreichen, dass wir uns nicht mit Nebenkriegsschauplätzen wie dem „Gendern" befassen, sondern mit den wirklich wichtigen Themen, wie z.B. der Pornoindustrie und der Versklavung von jungen Frauen durch Menschenhändler.

Wer hat welchen Einfluss auf TOP 54?

	Einfluss gering	mittel	hoch	sehr hoch
Jeder Mensch	■			
Politiker eines Landes			■	
EU			■	
UN				■
Global Player		■		
Welt-Institution				■

Der Anstoß für eine offizielle „Medien-Ethik" könnte von den Ländern kommen, die in der Praxis schon hohe ethische Standards haben. Für den „großen Wurf" eines weltweiten Standards brauchen wir aber die UN oder eine Welt-Institution

TOP 55: Tief im Himalaya, zwischen Indien und China liegt Bhutan. Ein Land so groß wie die Schweiz. 700.000 Einwohner, davon sind 70 Prozent Bauern.

„Bhutan hat das „Brutto National Glück" als Leitlinie für staatliches Handeln festgelegt. Jeder Politiker und Staatsbedienstete ist also angehalten, Entscheidungen so zu treffen und umzusetzen, dass sie die Bürger glücklicher machen. Das heißt natürlich nicht, dass die Polizei keine Strafzettel ausstellt oder Ladendiebe nicht verhaftet. Es wird aber bei Investitionen berücksichtigt, was das Leben der Leute angenehmer und sorgenfreier macht. Neben kostenfreier medizinischer Versorgung für alle Bürger, ist so auch der Tierarzt selbstverständlich kostenfrei und in kleinen Dörfern verfügbar, was für Bauern sehr wichtig ist, da deren Kapital und einziges Einkommen in der Regel ihre Tiere sind.
Durch regelmäßige landesweite und repräsentative Umfragen wird überprüft, was Maßnahmen gebracht haben und in welchen Lebensbereichen es den dringendsten Verbesserungsbedarf gibt. Und dann wird entsprechend gehandelt"[118]. (Auszug Ende)

Das klingt gut, ist aber sicher nicht Eins zu Eins auf alle anderen Länder übertragbar. Aber wäre das nicht etwas, an dem sich der Rest der Welt zumindest orientieren sollte? Weg von rein monetären Indikatoren wie „Bruttosozialprodukt" oder „Bruttoinlandsprodukt" und hin zum „Bruttonationalglück"?

Ich glaube, wir werden so oder so unsere Zielsysteme neu definieren müssen (siehe „Grenzen des Wachstums").

Auch der anerkannte „Multiwissenschaftler" Prof. Harald Lesch ist der Meinung, dass wir weg von einem Wachstumsmodell und hin zu einer Umverteilung innerhalb der Welt kommen müssen. Das bedeute Mittelverteilung (kommunizierende Röhren) in allen Bereichen.

---

[118] Quelle: https://thorstenhartmann.de/glueck-statt-geld-was-wir-von-bhutan-lernen-koennen/

Wer hat welchen Einfluss auf TOP 55?

	Einfluss gering	mittel	hoch	sehr hoch
Jeder Mensch	■			
Politiker eines Landes		■		
EU			■	
UN				■
Global Player		■		
Welt-Institution				■

Die Abkehr vom „Wachstumsmodell" bedeutet natürlich nicht, dass wir alle nicht mehr konsumieren sollen. Den Konsum per se zu verteufeln wäre der falsche Weg. Aber die Industrienationen sind jetzt nach den Jahrzehnten des Wachstums in der Pflicht, „einen Gang zurückzuschalten". Das bedeutet: Keine Vollbremsung, aber ein vernünftiges Rückbesinnen auf das, was mit Blick auf die Situation der Weltbevölkerung vertretbar ist. Das wird je nach Land unterschiedlich sein, aber wichtig ist ein globaler Konsens. Auch bei diesem TOP können wieder einzelne Staaten mit gutem Beispiel vorangehen, aber letztlich brauchen wir nach meiner festen Überzeugung Unterstützung von „ganz oben", d.h. von einer kompetenten und machtvollen Welt-Institution.

TOP 56: Gottseidank leben wir im 21. Jahrhundert: Milliarden von Menschen geht es gut. Kein Vergleich zur Lebensqualität vor einhundert oder zweihundert Jahren! Aber jede Zeit hat ihre eigenen Probleme. Viele habe ich in diesem Buch schon genannt. Jetzt kommt leider noch ein ganz neues Problem dazu: Die zunehmende Vereinsamung durch die neuen Medien. Die britische Ökonomin Noreena Hertz befasst sich seit Jahren wissenschaftlich mit diesem Thema und kommt zu schwerwiegenden Erkenntnissen[119]:

---

[119] Quelle: Der Spiegel / Chronik 2020, Seite 67 ff.

„Wir leben im Jahrhundert der Einsamkeit"
„Einsamkeit ist so schädlich wie 15 Zigaretten am Tag".
Verantwortlich dafür macht sie den neoliberalen Kapitalismus. Er fördere den Wettbewerb, Individualismus, Eigeninteresse und Egoismus. Dinge wie Fürsorge und Zuwendung werden geringgeschätzt. Das neoliberale Denken sei egoistisch und egoistische Gesellschaften würden immer einsamer.

Eine traurige Rolle spielten hierbei die angeblich „sozialen" Medien wie Facebook, die aber nur noch zu mehr Einsamkeit führten.

Sollten wir uns diese Erkenntnisse nicht zu Herzen nehmen? Sicher können wir nicht über Nacht den neoliberalen Kapitalismus abschaffen. Aber wir sollten uns seiner Problematik bewusstwerden und nach Alternativen suchen. In meinem Buch nächsten Buch „Drei Schlüssel für das Leben in einer besseren Welt" werde ich mich ausführlich mit diesem Thema befassen.

Wer hat welchen Einfluss auf TOP 56?

	Einfluss gering	mittel	hoch	sehr hoch
Jeder Mensch			■	
Politiker eines Landes		■		
EU			■	
UN				■
Global Player		■		
Welt-Institution				■

Auf Teile der schönen neuen medialen Welt kann jeder einzelne von uns Erwachsenen leicht verzichten. Man braucht sicher einen Internetanschluss und die grundsätzliche Erreichbarkeit über email oder SMS, aber man muss sich nicht davon versklaven lassen. Auch ohne Facebook und Instagram kann man Freunde haben. Zwar nicht so viele, aber dafür echte.
Schwieriger wird es, wenn man die nachwachsenden Generationen von den sozialen Netzwerken abhalten will. Hier entsteht von

klein auf eine Abhängigkeit, die wir als derzeit Erwachsene nicht erlebt haben. Die Ökonomin Noreena Hertz geht so weit, dass sie sagt: „Verbietet die Netzwerke, die Kinder unter 16 Jahren süchtig machen".

So oder so, wir müssen uns mit diesem Thema beschäftigen. Wenn wir die Giganten wie Facebook, Google und Co .in allen Ländern wirksam regulieren wollen, brauchen wir Unterstützung von „ganz oben", das heißt von der UN oder noch besser von einer neu zu schaffenden Welt-Institution.

Fazit

Wenn Sie das Buch ganz durchgearbeitet haben, werden Sie sich wahrscheinlich fragen: "So viele Vorschläge, Anforderungen und Ideen! Was aber ist am Wichtigsten und was sollte man denn nun als Erstes machen?"

Eine gute Frage. Aber die Antwort ist nicht einfach.

Zunächst wäre ich versucht zu sagen: "Wir müssen alles machen und zwar sofort".

Aber das wäre natürlich eine Überforderung der Staatengemeinschaft und der Menschen, daher sollten wir uns schon intensiv damit auseinandersetzen, was in unserer derzeitigen Situation am wichtigsten ist.

Für die Reduzierung der Komplexität in vernetzten Systemen mit diversen positiven und negativen Abhängigkeiten hat der Schweizer Wissenschaftler Prof. Frederic Vester[120], vor über 30 Jahren

---

[120] Quelle: https://www.frederic-vester.de/deu/sensitivit%C3%A4tsmodell/

ein intelligentes Verfahren entwickelt, die sogenannte "Einflussmatrix" im Rahmen der Sensitivitätsanalyse[121].

Dadurch kann man recht genau bestimmen, welche Variablen (in unserem Fall Ziele/Ideen) eines Systems stark auf andere Variablen und auf das ganze System einwirken. Das sind dann die "Treiber" der positiven Veränderung, um die man sich zu allererst kümmern sollte.

Eine Möglichkeit wäre, so eine Einflussmatrix mit den 19 Variablen (Themen) dieses Buches zu bestücken. Das würde Sinn machen, wenn die Einflussmatrix von einer Arbeitsgruppe ausgefüllt wird, die möglichst kompetent und heterogen zusammengesetzt ist (also z.B. Wissenschaftler, Politiker, Philosophen, Ingenieure und Handwerker). Dann wäre das Ergebnis sicher brauchbar und ein guter „Fahrplan" für das kommende Jahrzehnt.

Wenn wir schon beim Thema „kompetente Arbeitsgruppe" sind: Was uns derzeit fehlt, ist ein „Common Spirit" der Wissenschaftler weltweit. Obwohl die Menschheit vor extrem großen Herausforderungen steht, gibt es immer noch hunderttausende von Wissenschaftlern, die sich mit „Luxusthemen" befassen, deren Erforschung vor 30 Jahren vielleicht noch berechtigt war, die aber im Vergleich zu den aktuell brennenden Fragen jetzt absolut nachrangig sind.

Beim Thema „Covid 19" es ist es schnell gelungen, die Computerkapazitäten weltweit durch „Folding at home"[122] zu bündeln. Warum funktioniert das nicht bei den großen globalen Themen wie Erderwärmung, Armut und Hunger, ungezügelte Ressourcenausbeutung usw.?

---

[121] Erläuterungen zur Einflussmatrix siehe Wikipedia (https://de.wikipedia.org/wiki/Einflussmatrix)

[122] Quelle: https://foldingathome.org/

Wenn jeder Wissenschaftler auf seinem Gebiet alles tun würde, um diese Themen in den Griff zu bekommen, wären wir schon viel weiter! Dies fängt natürlich im Kleinen an: Das gilt auch für jede Bachelorarbeit, jede Masterarbeit und jede Doktorarbeit.

Gut, es gibt die „Scientists for Future". Aber was bewirkt dieser löbliche Zusammenschluss? Genau wie die „Fridays for Future" wollen sie nur die Politik dazu bewegen, die Vereinbarungen von Paris zur Begrenzung der Erderwärmung einzuhalten. Daran, dass sie sich selbst als Wissenschaftler weltweit neu aufstellen könnten und müssten, denken sie leider nicht.

Als Pessimist würde man sagen: **Es läuft unglaublich viel schief.**

Als Optimist sage ich:

Wir haben als Menschheit ein riesiges Potential. Nutzen wir es!

Erläuterungen zu den wesentlichen Quellen des Buches

Gapminder
https://www.gapminder.org/
Gapminder ist eine unabhängige schwedische Stiftung ohne politische, religiöse oder wirtschaftliche Verbindungen. Sie wurde 2005 von Hans Rosling, Ola Rosling und Anna Rosling Rönnlund gegründet. Gapminder ist ein Faktentank, kein Think Tank und produziert kostenlose Unterrichtsressourcen, die die Welt anhand zuverlässiger Statistiken verständlich machen. Gapminder fördert ein faktenbasiertes Weltbild und arbeitet mit Universitäten, UNO, Behörden und Nichtregierungsorganisationen zusammen. Gapminder bietet auf seiner Homepage viele interessante und kostenlose Grafiken, Slides und Präsentationen.

Harari, Yuval Noah
https://www.ynharari.com/de/
Yuval Noah Harari ist ein israelischer Historiker. Er lehrt seit 2005 an der Hebräischen Universität Jerusalem und ist mit Forschungen zur Militärgeschichte und universalhistorischen Thesen hervorgetreten. Seine populärwissenschaftliche Monographie "Eine kurze Geschichte der Menschheit" wurde zu einem internationalen Bestseller. Gleiches gilt für die nachfolgenden Bücher "Homo Deus" und "21 Lektionen für das 21. Jahrhundert". Gerade die letztgenannten Werke führten dazu, dass er auch als Berater von führenden Politikern gefragt ist.

Institut für Arbeitsmarkt- und Berufsforschung (IAB)
https://www.iab.de/
Das IAB in Nürnberg wurde 1967 als Forschungseinrichtung der Bundesanstalt für Arbeit gegründet. Es erforscht den Arbeitsmarkt auf Grundlage zweier gesetzlicher Aufträge, die für den Be-

reich der Arbeitslosenversicherung im SGB III und für die Grundsicherung für Arbeitsuchende im SGB II geregelt sind. Das IAB macht seine Forschungsergebnisse der Öffentlichkeit zugänglich und erteilt unabhängigen Rat an Politik und Praxis.

Janszky, Sven Gabor
https://www.5-sterne-redner.de/referenten/sven-gabor-janszky/
Sven Gábor Jánszky ist ein deutscher Trendforscher, Journalist und Referent. Viele seiner Vorträge sind auf YouTube eingestellt. Er beschäftigt sich mit der Zukunft von Arbeit, Medizin und Wirtschaft.

Khanna, Parag
https://causa.tagesspiegel.de/politik/krise-der-demokratie/der-populismus-ist-nicht-das-hauptproblem-der-demokratie.html
Parag Khanna ist ein indisch-amerikanischer Politikwissenschaftler, Strategieberater und Publizist. Er ist CNN-Experte für Globalisierung und Geopolitik.

Le monde diplomatique: Atlas der Globalisierung
Der Atlas wurde im Jahr 2019 von Stefan Mahlke herausgegeben und enthält aktuelle Daten und Grafiken zu den wesentlichen Themen der Globalisierung.

Leonhard, Gerd
https://www.gerdleonhard.de/gerd-leonhard-biographie/
Gerd Leonhard ist ein europäischer Futurist, Referent und Autor, der sich auf die Debatte zwischen Mensch und Technologie spezialisiert hat. Derzeit lebt er in Zürich. Einzelne Vorträge von ihm sind auch in YouTube eingestellt (auf Deutsch und Englisch).

Lesch, Prof. Harald
https://www.usm.uni-muenchen.de/people/lesch/lesch.html

Harald Lesch ist ein deutscher Astrophysiker, Naturphilosoph, Wissenschaftsjournalist, Fernsehmoderator und Hörbuchsprecher. Er ist Professor für Physik an der Ludwig-Maximilians-Universität München und Lehrbeauftragter für Naturphilosophie an der Hochschule für Philosophie München. Im ZDF hat er ein Wissenschaftsmagazin ("Lechs Kosmos"). Einige Vorträge von ihm sind auch in YouTube eingestellt.

Ökoinstitut
https://www.oeko.de/
Das Öko-Institut e. V. ist ein privates Umweltforschungsinstitut mit Hauptsitz in Freiburg im Breisgau. Es ist 1977 aus der Anti-Atomkraft-Bewegung hervorgegangen und hat heute rund 165 Mitarbeiter in den Standorten Freiburg, Darmstadt und Berlin.

Opaschowski Institut für Zukunftsforschung
http://www.oiz-hamburg.de/
Horst W. Opaschowski ist ein deutscher Zukunftswissenschaftler und Berater für Politik und Wirtschaft. 2014 gründete er mit seiner Tochter Irina Pilawa das Opaschowski Institut für Zukunftsforschung/O.I.Z in Hamburg. In seinem 2008 erschienenen bemerkenswerten Buch "Deutschland 2030" beschreibt er sehr ausführlich, wie wir in Zukunft leben werden. Einige Vorträge von ihm sind auch in YouTube eingestellt.

Precht, Richard David
https://de.wikipedia.org/wiki/Richard_David_Precht
Richard David Precht ist ein deutscher Philosoph und Publizist. Er ist Honorarprofessor für Philosophie an der Leuphana Universität Lüneburg und Honorarprofessor für Philosophie und Ästhetik an der Hochschule für Musik Hanns Eisler in Berlin. Seit dem großen Erfolg mit *"Wer bin ich – und wenn ja, wie viele?"* wurden seine Bücher zu philosophischen oder gesellschaftspolitischen Themen

Bestseller. Sie erschienen in über vierzig Sprachen. Seit 2012 moderiert er die Talkshow "*Precht*" im ZDF. Einige Vorträge von ihm sind auch in YouTube eingestellt.

Rosling, Hans
https://www.gapminder.org/factfulness-book/ und https://books.google.de/books/about/Factfulness.html?id=-A9BDwAAQBAJ&printsec=frontcover&source=kp_read_button&redir_esc=y#v=onepage&q&f=false

Hans Gösta Rosling († 7. Februar 2017) war Professor für Internationale Gesundheit am Karolinska Institut und Direktor der Gapminder-Stiftung in Stockholm. International bekannt wurde er durch sein 2018 erschienenes Buch "Factfulness".

Vereinte Nationen (UN)
https://dgvn.de/un-im-ueberblick/
Die Vereinten Nationen, häufig auch UNO für United Nations Organization, sind ein zwischenstaatlicher Zusammenschluss von 193 Staaten und als globale internationale Organisation ein uneingeschränkt anerkanntes Völkerrechtssubjekt.

Yogeshwar, Ranga
https://yogeshwar.de/
Ranganathan Gregoire Yogeshwar, meist kurz Ranga Yogeshwar, ist ein luxemburgischer Wissenschaftsjournalist, Physiker und Moderator. Nach jahrelanger erfolgreicher Tätigkeit im Fernsehen (WDR), arbeitet er derzeit freiberuflich. Aktuell sehr erfolgreich ist sein Buch "Nächste Ausfahrt Zukunft".

ZEIT-online 2010-2019
https://www.zeit.de/thema/zukunftsforschung
Das ZEIT-Magazin beschäftigt sich in dieser Ausgabe mit mehreren interessanten Zukunftsthemen. Ein Teil ist allerdings nur für Abonnenten lesbar

zukunftsInstitut
https://www.zukunftsinstitut.de/artikel/zukunftsforschung/ und
https://www.horx.com/ueber-uns-about-us/
Das Zukunftsinstitut mit Sitz in Frankfurt am Main besteht seit 1998 und hat die Trend- und Zukunftsforschung in Deutschland von Anfang an maßgeblich geprägt. Heute gilt das Unternehmen als einer der einflussreichsten Think-Tanks der europäischen Trend- und Zukunftsforschung. Es wurde von Matthias Horx, einem deutschen Publizist und Unternehmensberater, der von sich selbst und einigen Medien als „Trend- und Zukunftsforscher" bezeichnet wird, gegründet. Die regelmäßig erscheinenden Publikationen sind interessant aber relativ teuer. Einzelne Vorträge von Matthias Horx sind auch in YouTube eingestellt.

www.ingramcontent.com/pod-product-compliance
Lightning Source LLC
Chambersburg PA
CBHW060829220526
45466CB00003B/1031